# Gott umarmt uns durch die Wirklichkeit

Willi Lambert

# Gott umarmt uns durch die Wirklichkeit

Matthias-Grünewald-Verlag · Mainz

Der Matthias-Grünewald-Verlag ist Mitglied der
Verlagsgruppe engagement

Die Deutsche Bibliothek – CIP-Einheitsaufnahme

**Lambert, Willi:**
Gott umarmt uns durch die Wirklichkeit / Willi Lambert. – Mainz :
Matthias-Grünewald-Verl., 1998
   ISBN 3-7867-2124-6

© 1998 Matthias-Grünewald-Verlag, Mainz
Umschlag: Kirsch & Buckel Grafik-Design GmbH, Wiesbaden
Abbildung: © Sieger Köder, Zachäus
Druck und Bindung: Wagner, Nördlingen

ISBN 3-7867-2124-6

# Inhalt

# Vorwort

Dem Titel eines Buches kann man normalerweise die Richtung des Inhaltes entnehmen, aber nicht, mit welchen Empfindungen und Formulierungskämpfen er zustande kam. Vor vielen Jahren hat mich das Wort „Gott umarmt uns durch die Wirklichkeit" beim ersten Hören spontan angesprochen und ist mir geblieben. Es ist so ausdrucksstark, daß es zum Titel werden „mußte". Aber zugleich schien es mir auch so zart, daß auch eine Scheu da war, es als plakativen Titel zu wählen. So zart dieses Wort ist, so provokativ ist es auch. Schon die gewisse Selbstverständlichkeit, mit der von Gott gesprochen wird, kann für Gott-Skeptiker und Gott-Liebende gleichermaßen naiv oder plump klingen. Und für Wirklichkeits-Erfahrene wird sogleich mitschwingen, daß die Umarmungen durch das Leben, durch die Wirklichkeit keineswegs nur zarte Berührungen sind, sondern oft genug als schmerzlicher Zugriff empfunden werden können. Gegen alle Bedenken hat sich der Titelwunsch durchgesetzt. Die Verheißung der Botschaft von einer freundschaftlichen Berührung durch Gott in der Wirklichkeit und durch sie hindurch war zu stark.

Diese Verheißung zieht sich auch durch die einzelnen Beiträge auf je verschiedene Weise. Sie möchten alle helfen, durch die „Decke der Wirklichkeit" hindurch Gott zu erspüren.

„*Friede wohne in deinen Mauern*" beschreibt und erschließt verschiedene Grenzerlebnisse an biblischen Mauern. Das große Lebens- und Glaubensbuch zeigt Umgangsweisen mit menschlichen Grenzen.

„*Wovon unser Handeln lebt*" – dies ist die Frage nach den Motiven, aus denen unser Tun kommt und von denen es geprägt ist. Im Text „*Lebensvolle Nächte*" werden einige Spielregeln für Träumer angeboten.

„*Marta*" zeigt, was in einer freundschaftlichen Beziehung alles an Mißverständnis möglich ist aus Angst, nicht richtig wahrgenommen zu werden.

Der Beitrag „*Leichte Last*" erzählt die biblische Heils- und Unheilsgeschichte und dabei auch unsere eigene Geschichte aus der Perspektive der Doppelerfahrung der Leichtigkeit und der Schwere des Seins.

Der Messias ist ein Urtraum von Menschen, genährt von der Sehnsucht nach Erlösung. Deshalb bis heute das Verlangen: „*Wir möchten Jesus sehen!*"

Der abschließende Text – „*Zum Zeugnis für die Menschen befreit*" – versucht, Urbilder von Erlösung und das trinitarische Gottesgeheimnis als Vollgestalt erlösten Seins vor Augen zu stellen.

Die Beiträge haben eines gemeinsam: Sie verbinden *biblisches Wort, geistliche Perspektive und Lebenserfahrung*. Bei Jesus findet sich dies in dem einen Satz zusammengefaßt: „Meine Worte sind Geist und Leben." – Wenn davon beim Lesen, vielleicht beim besinnlich-betenden Lesen, etwas spürbar würde ...

*Willi Lambert SJ*

# Gott umarmt uns durch die Wirklichkeit

## Heilsgeschichte der Umarmung

In Loyola, dem Geburtsort des hl. Ignatius, hörte ich 1986 bei einem Treffen der Gemeinschaft Christlichen Lebens (GCL) die Formulierung: „Gott umarmt uns durch die Wirklichkeit". Dieser Satz prägte sich mir ein und ich schrieb ihn auf unter den „Goldkörnern" von Loyola. So oft ich ihn gebrauchte oder wenn ich ihn schriftlich weitergab, kamen immer wieder Rückmeldungen, die ausdrückten, daß dieses Wort auf ganz eigene Weise anrührt. Auch die Einladung zu diesem Beitrag geht auf ein Angerührtsein durch dieses Wort zurück.

### Ellbogengesellschaft und Sehnsucht nach Umarmung

Nicht selten wird in kulturkritischen und gesellschaftspolitischen Auseinandersetzungen das Wort von der „Ellbogengesellschaft" gebraucht. Das soll heißen: Auf der Ebene von Beziehungen, von gesellschaftlichen Vorgängen, wirtschaftlichen Abläufen und politischen Auseinandersetzungen setzen sich Menschen immer mehr mit dem Ellbogen durch; so wie jemand sich beim Stürmen der Kaufhaushalle bei der Eröffnung des Winterschlußverkaufes mit dem Ellbogen durchsetzt, so geschieht dies auf vielen anderen Ebenen. Die Ellbogengesellschaft handelt nach dem Gesetz des Stärkeren, des Schnelleren, und es gibt Puffe und Stöße und blaue Flecken, wenn nicht Schlimmeres.

Verständlich, daß den derart in die Rippen und den Rücken und ins Gesicht gestoßenen Menschen das Bedürfnis nach Umarmung überkommt.

Umarmung: Die meisten haben sie als Kind erfahren. Dies war

sozusagen das tägliche Brot der Zuwendung. Arme als menschliche Wiege, als Fortsetzung des Gewiegtseins im Mutterschoß. Umarmung als Schutz, als Getragensein, als Wärme, als Zärtlichkeit, als Beziehung, als Nähe, als ursprüngliche Ausdrucksform von Liebe. Umarmung als direkter leiblicher Ausdruck von Gegenwärtigkeit: Ich bin bei Dir. Ich bin mit Dir. Du bist mir lieb. Ich hab' Dich so gern, zum „Zerdrücken" gern. Ich laß Dich nicht los. Ich bleibe bei Dir.

## Ein Gott, der umarmt!

In den Worten „ich bin bei dir", „ich bin dir nahe", ich bin da", klingt der Urname Gottes, der Name Jahwes an. Jahwe bedeutet: „Ich bin da", „Ich werde als der ich bin bei dir sein", oder wie Martin Buber übersetzt: „Ich bin, wo du bist!"
Sollte, wenn dies der Name Gottes ist, für ihn nicht gelten können, daß er uns umarmt? – Ignatius jedenfalls sieht dies so und hat dies innerlich so erlebt. Bekannt ist zumeist die ignatianische Formulierung „Gott in allen Dingen suchen und finden". Aber es findet sich bei Ignatius auch der Ausdruck, daß Gott uns umarmt. Dies mag überraschen, da uns normalerweise dieser Ausdruck nicht bekannt ist. Und doch kommt er vor, und zwar in der 15. Vorbemerkung im Exerzitienbuch – allerdings nur, wenn man den Urtext genau übersetzt.
In der 15. Vorbemerkung wird dem Exerzitienbegleiter ans Herz gelegt und eingeschärft, daß er sich nicht „einmischen" solle in die Begegnung dessen, der die Exerzitien macht, mit seinem „Schöpfer und Herrn". Er soll nur, soweit dies möglich ist, von außen her Begegnung erleichtern und Störungen mindern helfen. Im übrigen sei es viel besser, daß Gott selber die „ihm hingegebene Seele", den für ihn offenen Menschen „zur Liebe hin/ in Liebe umarme". Meistens wird hier übersetzt, „daß Gott ihn zur Liebe entflamme" u.ä., aber ganz wörtlich übersetzt heißt es wirklich: Daß Gott in Liebe den Menschen um*armt* und so die Liebe im Menschen erweckt. – Gott umarmt uns.

## Heilsgeschichte der Umarmung

Auch in der Bibel wird einige Male das urmenschliche Geschehen der Umarmung für die Begegnung Gottes mit dem Menschen gebraucht:

„Eine Wohnung ist der Gott der Urzeit, von unten tragen die Arme des Ewigen." (Dtn 33,27) „Die Lämmer trägt er auf dem Arm." (Jes 40,11)

Jesus als die „Exegese Gottes", die „Auslegung Gottes", erzählt vor allem in der Geschichte vom Barmherzigen Vater, was Umarmung sein kann: die Erweckung von neuem Leben durch das Geschenk von Versöhnung.

Da kehrt einer zurück aus der Heimatlosigkeit, am Rande des Verhungerns, und dann heißt es: „Der Vater sah ihn schon von weitem kommen, und er hatte Mitleid mit ihm. Er lief dem Sohn entgegen, fiel ihm um den Hals und küßte ihn." (Lk 15,20) Viele Bilder großer Meister haben gerade diese Schlüsselszene der Umarmung künstlerisch großartig ausgestaltet. – Gott umarmt uns. Jesus hat nicht nur „Geschichten über die Umarmung " erzählt, sondern er hat selber Menschen umarmt. Besonders deutlich wird dies in der Szene, in der Mütter ihre Kinder zu Jesus bringen, damit er sie segne. Seine Jünger, die offensichtlich sehr genaue Vorstellungen davon haben, was gerade „dran ist" und was nicht, wollen die Frauen samt ihren Kindern wegschicken: „Die Jünger aber wiesen die Leute schroff ab" (Mk 10,13); vielleicht darf man ihnen zugute halten, daß sie glaubten, die Männer hätten's nötiger oder Jesus brauchte unbedingt Ruhe. Doch der hatte offensichtlich eine andere Vorstellung. Ja, es heißt sogar: „Als Jesus das sah, wurde er unwillig!" (Mk 10,14) Und dann segnet Jesus die Kinder nicht nur mit einem „Generalsegen", sondern ganz anders: „Er nahm die Kinder in seine Arme; dann legte er ihnen die Hände auf und segnete sie." (Mk 10,16)

Jesus offenbart, er ist so sehr die umarmende Liebe Gottes, daß er sogar am Kreuz noch umarmen will. Dort wurde die Umarmung gleichsam „festgenagelt". Was aber als Hinrichtung ge-

meint war, bleibt „festgeschrieben" als Gestus der Versöhnung: „Vater, verzeih ihnen, sie wissen nicht, was sie tun!"
In einer alten Plastik in Würzburg ist dies wunderbar gestaltet: Der Gekreuzigte, am Kreuz, nimmt die Arme vom Kreuz und kreuzt sie zum liebend umarmenden, wiegenden Gestus. Er zeigt sich nicht als „der starke Arm" Gottes, der losschlägt, sondern er zeigt „Gottes Schwäche für die Menschen „ in der Geste der Umarmung, die nicht zurückgenommen wird. Nicht die geballten Fäuste, nicht ein richterlicher Zeigefinger, sondern offenen Arme sind Jesu letzte Gebärde am Ende seines Leidens, das er freiwillig auf sich genommen hatte.

**Wie umarmt uns Gott?**

Mit angehaltenem Atem, aber eben doch gesagt: Gott umarmt uns. Wie umarmt uns Gott? Wie umarmen wir ihn? – Durch die Wirklichkeit. Gott umarmt uns durch die Wirklichkeit. Wir umarmen Gott durch die Wirklichkeit.

Vielleicht wird diese Botschaft zugänglicher durch ein Wort von Pater Alfred Delp SJ, das er aus dem Gefängnis in Berlin-Plötzensee in einem Brief schreibt:

„Die Welt ist Gottes so voll. Aus allen Poren der Dinge quillt er gleichsam uns entgegen. Wir aber sind oft blind. Wir bleiben in den schönen und in den bösen Stunden hängen und erleben sie nicht durch bis an den Brunnenpunkt, an dem sie aus Gott herausströmen. Dies gilt für alles Schöne und auch für das Elend. In allem will Gott Begegnung feiern und fragt und will die anbetende, hingebende Antwort. Die Kunst und der Auftrag ist nur dieser, aus diesen Einsichten und Gnaden dauerndes Bewußtsein und dauernde Haltung zu machen bzw. werden zu lassen. Dann wird das Leben frei in der Freiheit, die wir oft gesucht haben."

Dieser Text ist in einem vielfachen Sinn sprechend: Einmal ist er ein beeindruckendes persönliches Glaubenszeugnis, das unter den Bedingungen von schrecklicher Haft, zum Teil Folterhaft, geschrieben wurde. Der Verdacht, es handle sich um einen frommen Traktat, aus dem Gott sozusagen von überall her „süßlich entgegenträufelt", fällt dahin.

Weiterhin wird deutlich, daß Gott nicht „etwas neben der Wirklichkeit" ist, sondern mitten in ihr und durch sie hindurch sich offenbart. Und dann wird gesagt, daß Gottes Nähe in der ganzen Wirklichkeit, in „guten und in bösen Tagen" – wie es im Eheritus heißt – sich suchen und finden läßt.

Schließlich wird deutlich, daß Gott nicht „oberflächlich" ist, d.h. er zeigt sich erst, wo die Wirklichkeit bis zu dem „Brunnenpunkt", da sie aus Gott hervorströmt, durchlebt, manchmal durchlitten wird. Gottesbegegnung ist immer auch Einladung zu tieferer Wirklichkeitsbegegnung.

## Gott umarmen

Der umarmt, lädt auch ein zur Umarmung: „Und er stellte ein Kind in ihre Mitte, nahm es in seine Arme und sagte zu ihnen: „Wer ein solches Kind um meinetwillen aufnimmt, der nimmt mich auf; wer aber mich aufnimmt, der nimmt nicht nur mich auf, sondern den, der mich gesandt hat." (Mk 9,36f)

In und an dieser Stelle erfolgt ein geheimnisvoller „Umschlag": Der Mensch, der getragen und umarmt wird, ist selber einer, der umarmt. Gott umarmt den Menschen – und Menschen öffnen umarmend ihre Arme für Gott in den Menschen: „Wer ein solches Kind umarmt, der ..." „Wer einen solchen Menschen umarmt, der ...".

In einem Theaterstück von Arthur Miller findet sich eine Textstelle, die zeigt, was es bedeuten kann, das Leben zu umarmen: „Ich träumte, mein Leben war ein Kind von mir. Aber es war mongoloid, und ich lief weg. Aber es kroch immer wieder auf meinen Schoß. Es zog an meinen Kleidern. Bis ich dachte: Wenn ich es küssen kann, kann ich vielleicht schlafen. Und ich beugte meinen Kopf über das entstellte Gesicht – es war grauenhaft ... aber ich küßte es."

Einmal davon abgesehen, daß mongoloide Menschen meist etwas ausgesprochen Liebenswürdiges an sich haben – was hier ausgesprochen wird, das ist die Wahrheit vieler Märchen: Durch die Umarmung, durch den Kuß wird „der Frosch", wird, was fremd und abstoßend war, verwandelt.

Die Zusage Jesu, die Verheißung des Evangeliums ist: Nimm an, nimm auf, umarme das Leben und du umarmst darin *das Leben*.

## Betend Wirklichkeit umarmen

Es gibt eine Gebetsweise, ein Gebetsbewußtsein, in dem für Ignatius in besonders wacher Weise die „Umarmung durch die Wirklichkeit" geschieht. In seiner Sprache ist es die „Gewissenserforschung", man könnte genausogut dazu sagen „Tagesauswertung" oder „Gebet der liebenden Aufmerksamkeit". In diesem Gebetsbewußtsein geht es darum, die Wirklichkeit der Begegnungen, der Erlebnisse, der Auseinandersetzungen, der Ängste, der Sorgen, der Freuden, der Leiden auf ihren „Brunnenpunkt" hin zu durchschauen: Woher kommt dies? Was ist sein Ursprung? Es ergeht die Einladung, wie in manchen Ratespielen, durch ein Tuch hindurch Gegenstände zu erfühlen und zu erraten. Die Wirklichkeit ist gleichsam das Tuch, das Gott verbirgt und zugleich offenbart. Das Gebet der liebenden Aufmerksamkeit ist der Versuch, in „Tuchfühlung" mit Gott zu kommen und in der Wirklichkeit die Wirklichkeit zu ertasten. Manchmal sind unsere Finger so steifgefroren, so klobig bzw. es erscheint uns die „Decke der Wirklichkeit" so dick und dicht, daß wir nichts zu erfühlen glauben außer unserem nervösen, zittrigen, verkrampften und ungeschickten Fingerspiel. Aber manchmal, für Augenblicke, wird die Decke zu einem leichten Schleier und es scheint der Vorhang vor dem Allerheiligsten *der Wirklichkeit* entzwei, offen, geöffnet.

## Der starke Arm – ein Hauch von Berührung

In der biblischen Wortkonkordanz gibt es beim Wort Arm/Umarmung einen ganzen Abschnitt, der überschrieben ist mit den Worten „Der starke Arm Jahwes". Dies ist die vorherrschende Vorstellung: Gott hat starke, mächtige Arme, Arme, mit denen er die Feinde vertreibt. Arme, deren Zugriff aber auch der Mensch manchmal hart zu spüren bekommt. Manchmal scheint die Umarmung Gottes durch die Wirklichkeit einem den Atem zu nehmen.

Dies wird in manchen Reaktionen auf den Psalm 139 deutlich. Zumeist werden die Aussagen dieses Psalmes als tragend, bergend, beheimatend erlebt. Der Gott, der von der Umarmung weiß, in der ein Mensch entsteht. Der Gott, der um die Umarmung durch den Mutterschoß weiß. Der Gott, der mich durch sein liebendes Wissen umarmt:

„Noch liegt mir das Wort nicht auf der Zunge – Du, Herr, kennst es bereits. Du umschließt mich von allen Seiten und legst Deine Hand auf mich." (Ps 139,4f) Doch diese Umarmung – ist es die „leidenschaftliche" Umarmung Gottes? – kann einem auch zu eng werden, kann meinen lassen, daß einem der Atem genommen wird. Und der folgende Vers läßt nicht immer nur den Arm Gottes als Hand erfühlen, die in der größten Ferne den Menschen noch faßt und hält und vor dem Abgrund rettet:

„Nehme ich die Flügen des Morgenrots und lasse mich nieder am äußersten Meer, auch dort wird deine Hand mich ergreifen und deine Rechte mich fassen." (Ps 139,9f)

Der Zugriff Gottes, die Umarmung Gottes ist nicht eine subtile Form von Gefangenschaft. Gott läßt den Menschen frei. Gott läßt den Menschen frei weggehen, wie es Jesus in der Geschichte von dem jungen Mann erzählt, der sich sein Erbe auszahlen läßt und in die Fremde loszieht. Der Vater hält ihn nicht zurück. Er entläßt ihn mit einer Abschiedsumarmung.

Als der Sohn nichts mehr zum Leben hat, da ist ihm nur die Erinnerung an diese Umarmung geblieben. Und der Vater sieht ihn „schon von weitem" und eilt ihm mit offenen Armen entgegen und schenkt eine neue Weise von Umarmung und läßt sich eine neue Nähe schenken.

Gottes Arme sind nicht Ketten oder wenn, dann Ketten der Liebe. Dies wird vor allem an den biblischen Stellen deutlich, in denen von leisem Berühren Gottes die Rede ist. Bei Elias in der Höhle, da Gott sich als ein Gott zeigt, der nicht im Sturm und Feuer und Erdbeben sich offenbart, sondern im Leisen, im „Hauch verschwebender Stille".

So auch in der Verkündigungsszene, in der Gabriel auf die Frage Marias, wie „dies geschehen solle", daß Gottes Liebe in ihr Mensch wird: „Der Heilige Geist wird über dich kommen und die Kraft des Höchsten wird dich überschatten." (Lk 1,35)

In diesem Bibelwort wird Auseinanderliegendes in eines zusammengenommen: „Die Kraft des Allerhöchsten" – welche Kraft! – und die leiseste aller Berührungen – „ein Schatten".

Ein Text von Yvan Goll sagt viel von dem Leisen der Liebe, das in einer Umarmung sein kann:

„Ich möchte nichts sein
als die Zeder vor deinem Haus
als ein Zweig der Zeder
als ein Blatt des Zweiges
als ein Schatten des Blattes
als die Frische des Schattens
der deine Schläfe kost
eine Sekunde lang."

# Friede wohne in deinen Mauern

## Zum Umgang mit Grenz-Erfahrungen

Grenzprobleme, Abgrenzungen, Umgang mit eigenen Grenzen, Grenzen des Wachstums, Schwächen und Grenzen anderer Menschen – auf Schritt und Tritt stößt der Mensch auf Grenzen. Was bedeuten sie ihm? Wie geht er damit um? – Abreißen? Aufbauen? Überschreiten? –Und was für Empfindungen kommen im Menschen hoch angesichts von Grenzen? – Ohnmacht? Wut? Trauer? Aggressivität? Sicherheitsgefühl? Geborgenheit? Ängste? – Wie dem auch sei, es stellt sich in tausend Variationen immer neu die Frage, wie wir mit Grenzen umgehen, ja, wie wir im Umgang damit immer wesentlicher zu unserem Menschsein gelangen.

Die handfeste Weise von Grenzen, das sind Mauern. Darum sollen sie zum Realsymbol für Umgangsmöglichkeiten mit Grenzen dienen. Die Modelle für die Mauern und die Umgangsweisen damit stammen aus dem Alten und Neuen Testament und haben wohl eine eigene, starke Aussagekraft, da es im wahrsten Sinne des Wortes geschichtliche Mauern sind, d.h. Grenzen, an denen sich menschliche Geschichte, genauer noch menschlich-göttliche Geschichte, abgespielt hat. So richtig zum Sprechen kommen dies Hinweise freilich wohl erst, wenn man sich meditierend die Fragen stellt: Was sind die Mauern und Grenzen in meinem Liebe? Wie gehe ich mit ihnen um? – Die heimliche oder offenbare Sehnsucht beim meditierenden Umgang mit den Grenzen, denen wir begegnen, mag die sein, den alttestamentlichen Segenswunsch mitten im eigenen Leben vernehmen zu dürfen: „Friede deinen Grenzen!"

## Friede wohne in deinen Mauern!

Wenn eine jüdische Wallfahrergruppe nach tagelangem Fuß-
marsch in sengender Hitze und durch Wüstengelände endlich
die Mauern Jerusalems erblickte, vielleicht gar im Morgenglanz
der Sonne oder im Abendlicht, dann konnte sie nur in Jubel
ausbrechen und ihren Namen Juda, d.h. Jehuda, und dies bedeutet Jubel und Dank, in Gesängen wahrmachen.

Diese Freude an den Mauern Jerusalems kann darauf aufmerksam machen, daß Begegnung mit Begrenzungen auch, ja vielleicht zunächst oder zutiefst Anlaß zur Dankbarkeit sein kann.
Warum dies? – Weil Grenzen nicht nur der Ort sind, wo etwas
aufhört, sondern auch und zuerst, wo etwas anfängt. Weil Ab-
grenzung *von* anderen und anderem (nicht einfach *gegen* andere) um der Eigenheit und Freiheit des eigenen Wesens willen
und für das Wachsen des personalen Ichs notwendig sind. Weil
Menschwerdung Inkarnation, Fleischwerdung besagt und darum nur im Sich-Einlassen auf Grenzen geschieht. Warum? Weil
das Ja zur begrenzten Unendlichkeit des Menschen die Annahme der eigenen Geschöpflichkeit sein kann. Weil so der Mensch
von der Ursünde befreit werden kann, durch die er keine Grenze im Paradies akzeptieren konnte und damit dem „Glauben"
verfiel: Wenn ich nicht alles habe, kann ich nicht glücklich sein;
wenn Gott mir eine Grenze setzt, dann liebt er mich nicht. Warum ein Ja zu Grenzen? Vielleicht auch, weil Leben Schutz
braucht und es wohl kein bloßer Zufall ist, daß das Wort „Friede" ursprünglich von „Umfriedung" stammt, d.h. es gab nicht
überall Frieden, sondern oft genug nur in einem geschützten
Raum.

Diese Hinweise und Überlegungen werfen weitere Fragen auf.
Wie erfahre ich Mauern, Grenzen, Begrenzungen? Nur negativ? Oder gibt es auch Grenzen, die mir Frieden geben; Grenzen, die mich mir selber schenken; Grenzen, die mir Ordnung,
das Maß meiner selbst und damit inneren Frieden schenken?
Gibt es Grenzen, heimatliche Mauern, die mein Herz aufbre-
chen und zum Jubel entgrenzen?

## Schon stehen wir in deinen Toren, Jerusalem

Weil wir Menschen manchmal so „vernagelt" sind und ein Brett vor dem Kopf haben, darum muß auf das Normalste aufmerksam gemacht werden, nämlich daß Mauern üblicherweise Türen und Tore haben und Flüsse ihre Brücken und Grenzen Grenzübergänge. Und da gilt es eben, nicht gleich zu verzweifeln und mit dem Kopf gegen die Wand zu rennen, wenn man an der falschen Stelle auf die Grenze stößt, sondern zu suchen, wo es weitergeht. So wie das bei einem Krabbelkind ist, wenn es zur ersten Stuhlbesteigung ansetzt, oder beim Chemiker, wenn erst der tausendste Versuch eine neue brauchbare Verbindung ergibt. Manchmal muß man jahrelang träumen, bis es weitergeht, und manchmal träumen Generationen und Jahrtausende vom Fliegen, bis es zu einer späteren Zeit dann gelingt.

Hier gälte es zu fragen: Stehe ich beim geringsten Hindernis gleich entmutigt da wie der berühmte Ochs vor dem Berg, und hindern mich alle möglichen Scheuklappen, nach rechts und links zu schauen, ob's da vielleicht weitergeht? Oder bin ich eher ein Gegentyp, der sich sagt: ein Hindernis – jetzt erst recht! Wo ein Wille ist, da ist auch ein Weg! Am anschaulichsten kann das werden, wenn man verzweifelt sucht, eine Tür zu öffnen – nach der falschen Seite –, und entmutigt aufgibt, statt zu bemerken: Das Tor ist offen!


## Paulus – in Damaskus in einem Korb die Stadtmauern hinab

Zuweilen ist es schon so, daß eine Tür offen ist und man mit dem Schlüssel noch versucht, sie – vergeblich – zu öffnen oder gar zuschließt; aber manchmal sind Mauern wirklich Grenzen ohne Durchlaß, weil die Tore verschlossen sind, und auch das sogenannte „Nadelöhr", eine kleine Tür im großen Tor für die Spätankömmlinge in der Nacht, verschlossen ist. Was dann? Eine Reaktionsmöglichkeit ist in der Apostelgeschichte aktenkundig gemacht worden. Nachdem Paulus durch seine neue Botschaft die Judengemeinde in Aufregung versetzt hatte, beschlossen die Juden, ihn zu töten. Doch ihr Plan wurde dem Saulus bekannt. Sie bewachten sogar Tag und nacht die Stadttore, um ihn zu beseitigen. Aber seine Jünger nahmen ihn und „ließen ihn bei Nacht in einem Korb die Stadtmauer hinab" (Apg 9,23–25; vgl. auch 2 Kor 11,32 f).

Wenn Grenzen wirklich verschlossen sind, dann bietet sich das Modell „Paulus in Damaskus" an, d.h. mit viel Phantasie, einer gehörigen Portion Mut und der Mithilfe anderer können viele Grenzen überwunden werden.

Dieses Modell im Blick, lohnen sich die Fragen an das eigene Leben und das eigene Problemlösungsverhalten: Wie steht es mit der *Phantasie* angesichts von Grenzen? Spiele ich alle möglichen und vielleicht auch unmöglichen Möglichkeiten durch? Bin ich wendig genug, verschiedene Alternativen und Arbeitshypothesen und Lösungsmöglichkeiten aufzustellen, oder bin ich ein Einbahnstraßendenker? Antworte ich angesichts von Mauern mit Kopflosigkeit oder durch brain-storming? – Und: Wie steht es mit dem Mut und der Ermutigung? Schenke ich den andern auch etwas Glauben, die mir durchaus mehr zutrauen als ich mir selber? Man muß ja nicht den starken Mann markieren, aber Pfeifen im dunklen Wald kann doch auch manchmal helfen, und schließlich gibt es zwischen dem Mut des Löwen und dem Hasenfuß Übergangsmöglichkeiten.


## Die Mauern von Jericho stürzen erst beim Blasen der Widderhörner ein

Die Geschichte von der Einnahme Jerichos zählt zu den einprägsamsten Geschichten der Bibel. Sieben Tage lang umkreist Israel die Stadt; am letzten Tag siebenmal. Beim Blasen der Widderhörner durch die Priester und beim Kriegsgeschrei des Volkes stürzt die Stadtmauer in sich zusammen (Jos 6,20). Dieses Geschehen soll als Anlaß und Symbol dienen, vom

„charismatischen Modell" des Umgangs mit Grenzen zu sprechen.

Mit dem „charismatischen Modell" ist etwas gemeint, das nicht wenigen Menschen fremd vorkommt, wenn sie Kontakt zu charismatischen Bewegungen bekommen oder entsprechende Bücher lesen. Dort wird nicht selten davon erzählt, daß Menschen dazu eingeladen werden, für eine Not und in einer Notsituation Gott zu danken. Das muß fremd, provozieren, ja fast abstoßend wirken für viele Menschen. Wie soll man Gott danken für eine schmerzliche Krankheit, für ein Alkoholproblem, für das Sterben eines lieben Menschen?

Vor dem Versuch, Erklärungen zu geben, ist es vielleicht wichtiger, darauf hinzuweisen, daß es wirklich Menschen gibt, die auf diesem Weg Befreiung, Erlösung, Heil und Heilung erfahren haben. Auch wer sich weit mehr in einem der biblischen Kranken erkennt, die am Weg sitzen und um Erbarmen schreien, der darf doch tolerant zur Kenntnis nehmen: Gott hört auf Menschen, die sich an Grenzen wundstoßen und noch mit der Beule am Kopf Gott loben und preisen.

Die geistig-geistliche Grundlage dieses Umgangs mit Grenzen ist die Glaubensüberzeugung: Jede Situation, auch die scheinbar absurdeste und schmerzlichste, kann Sinn gewinnen und hat Sinn, wenn man sie in Beziehung zu Gottes Liebe bringt. Es lohnt sich, „zur Vorsicht" und im voraus immer schon Gott zu danken, Er, der alles gut gemacht hat, wird auch alles zum Guten wenden und gerade darin seine Größe zeigen.

Das „charismatische Modell" gibt die Frage mit: Wäre das nicht auch etwas für mich, nach dem ersten spontanen Aufschrei ein Loblied des glaubenden und hoffenden Herzens anzustimmen zu versuchen, wenn auch vielleicht mit zitternder Stimme. Paulus, der große Charismatiker des Neuen Testament, lädt dazu ein mit den Worten: „Bringt eure Bitten mit Dank vor Gott" (Phil 4,6). Dies ist im Geiste Jesu gesprochen, der sagt: „Alles, worum ihr betet und bittet – glaubt nur, daß ihr es schon erhalten habt, dann wird es euch zuteil." (Mk 11,24)

## Bileams Esel ist hellsichtiger

Der Seher Bileam, getrieben von prophetischem Geist, ist unterwegs. Es kann ihm nicht schnell genug gehen. Nur sein Esel macht nicht mit. Ganz gegen seine Gewohnheit bleibt er immer wieder stehen. Er sieht den Engel Gottes, der Bileam den Weg verwehrt. Der Seher sieht nichts. Wütend treibt er das Reittier an, bis sie an eine Stelle kommen, wo rechts und links zwei Mauern sind und der Engel den Weg nach vorne versperrt. Der Esel geht unter Bileam, der ihn am liebsten erschlagen würde, wie er sagt, in die Knie. Dem Seher werden die Augen geöffnet, und er erkennt, daß ein Gottesengel ihm den Weg versperrt.

Auch dies ist eine Grenzsituation: der Wille Gottes, der Auftrag Christi. Es kann sein, daß ein Mensch, getrieben von prophetischem Selbstbewußtsein und im sicheren Wissen, wem zu fluchen und wer zu segnen sei, nach vorne prescht – und gar nicht merkt, daß Gottes Wille ihn einen anderen Weg führen will. Ein Esel kann da manchesmal hellsichtiger sein; so kann der Esel, Bruder Leib, schon signalisieren, daß man zu viel tut oder zu verkrampft kämpft, aber Wille und Intellekt tun noch nicht mit. Da kann es sein, daß der Mensch hart an seine Grenze verwiesen wird; wenn etwa seine leibliche und seelische Gesundheit schweren Schaden leiden. In diesem Sinn kann Gottes Wille eine Grenze sein, die den Menschen vor sich selbst schützen will.


## Die Chaldäer rissen die Mauern Jerusalems nieder

Das „Modell Nebukadnezzar" (2 Chr 36,19) gehört zu den geläufigsten der großen Weltgeschichte. Es zeigt die zerstörerische Gewalttätigkeit, die destruktive Aggression. Ein Vasall, der König Zidkija von Jerusalem, fällt von der Großmacht und „Schutzmacht" der Chaldäer ab. Diese reagiert mit ihren Waffen, d.h. mit Gewalt. Die Mauern werden niedergerissen, die Häuser verbrannt und die Bewohner getötet oder verschleppt. Unverhüllt zeigt sich das Gesicht der zerstörerischen Gewalttä-

tigkeit, der destruktiven Aggression. Diese „Umgangsweise"
zeigt sich im Großen wie im Kleinen. Nach außen wirkt sich
Aggressivität aus in allen Stufungen von der physischen Gewalt über zugeschlagene Türen, geballte Fäuste, nervös trom-
melnde Fingerkuppen oder Fußbewegungen bis zu Schlagworten
und Drohungen: „Dem werd' ich's zeigen!" – „Die soll was erleben, wenn sie heimkommt!" – „Ich kann auch anders!" usw. –
Und die Innenseite? – Ärger, Wut, Aufgeregtheit, Groll, Haß,
Zorn, d.h. aggressive Gestimmtheiten in allen Schattierungen
und Intensitätsgraden. Die Psycho-Logik ist immer dieselbe: Da
ist ein Widerstand? Das stellt sich mir was in den Weg? – Weg
damit! Und zwar sofort und mit Gewalt.

Auch hier natürlich wieder die Frage: Wo macht sich der
„Nebukadnezzar in mir" breit? Wo gibt es, vielleicht in der Kindheit oder Jugendzeit, Erfahrungen, die mein Problemverhalten
geprägt haben? Wo war Aggressivität das vorgelebte Verhalten,
mit dem Probleme angegangen wurden? Wo wurde auf etwas
anderes gar nicht reagiert? Wo wurde ich zum eigenen Erschrek-
ken von maßloser Wut übermannt?

## Jona vor Ninive will nicht mehr Leben

„Fliehe, wer kann!" – Dies scheint für das Verhalten angesichts
von Grenzen für den Propheten Jona kennzeichnend gewesen
zu sein. So wich er dem Auftrag Jahwes, der ihm nicht paßte,
aus und gibt das dann gegen Ende der Geschichte auch zu: „Eben
darum wollte ich ja nach Tarschisch fliehen, denn ich wußte,
daß du ein gnädiger und barmherziger Gott bist, langmütig und
reich an Huld." (Jona 4,2) Und als der langmütige Jahwe Ninive nicht vernichtet und zudem ein gewaltiger Sonnenstich den
Jona trifft, da wünscht er sich den Tod als letzte Ausflucht.
„Darum nimm mir jetzt lieber das Leben, Herr! Denn es ist für
mich besser zu sterben als zu leben!" (Jona 4,3) Tod als die äu-
ßerste Form von Flucht- und Ausfluchtverhalten: Entweder
verschwindet die Mauer, die Grenze, oder ich mache mich aus

dem Staub! Das Ergebnis ist in beiden Fällen gleich – das Problem existiert nicht mehr – oder vielleicht doch noch?

Dieses Lösungsverhalten kann als umgekehrte, nach innen und gegen sich selbst gewendete Aggressivität bezeichnet werden. Am Beispiel Jona zeigt sich, daß an dieser Sicht einiges dran ist, denn: Was für ein aggressives Potential ist in Jona! Es macht ihm nichts aus, eine ganze Stadt, „Ninive, die große Stadt, in der mehr als hundertzwanzigtausend Menschen leben, die nicht einmal rechts und links unterscheiden können – und außerdem so viel Vieh" (Jona 4,11), untergehen zu sehen! Er setzt sich, „östlich von der Stadt, nieder" (Jona 4,5), um sie „seelenruhig", vielleicht rachedürstig (Nietzsche sagte einmal, „gerecht" klinge ihm verdächtig nach „gerächt") untergehen zu sehen. Er überläßt die Aggressivität Jahwe. Für ihn selbst bleibt dann nur die Depression, die Wut auf sein Leben, der Todeswunsch!

Die Szene ist dramatisch. Aber es gibt doch – nicht ganz selten – diesen Todeswunsch, wie ihn Mark Twain in „Tom Sawyer und Huckleberry Finn" schildert, wo einer der Buben sich den Tod wünscht, damit die Tante am Grab endlich erkennt, wer er ist! Und es gibt so viele kleine Traurigkeiten, Lahmheiten, Müdigkeiten, Lustlosigkeiten, Fadheiten, Laschsein, die ihren Ursprung schlicht in einer unterdrückten Wut (die dann im Bauch oder Kopf sitzt und ihr Unwesen treibt) haben. Was bleibt, ist ein Leben auf Sparflamme, vielleicht auch aus halbbewußter Angst, was da in Brand geraten könnte, wenn auf einmal alle Wut losbräche. Oder vielleicht geht einer – das ist eine Sache des Charakters und der Phantasie – auf „Krankheitsgewinn" aus, d.h. läßt sich auf seinem Sitz vor der Klagemauer trösten und verwöhnen und bemitleiden; und wer intellektueller ist, entwirft vielleicht eine pessimistische Daseinsphilosophie. – Es gibt viele Möglichkeiten, die alle eins gemeinsam haben: Flucht vor der Wirklichkeit. Das mag für eine Zeit sogar sinnvoll und das einzig Mögliche sein, aber Lebensflucht als Lebenshaltung ist unfruchtbar.

## Jesus weint über Jerusalem

Auf dem Ölberg, auf der Talseite genau gegenüber den Stadtmauern Jerusalems, steht eine Kapelle mit dem Namen „Dominus flevit", „der Herr hat geweint". Diese Kapelle markiert eine bestimmte Weise, wie Jesus mit einer Grenze umgegangen ist: Er weint, er läßt es sich weh tun, daß Jerusalem, die Stadt, in deren Namen das Wort „Shalom", „Friede", steckt, ihn, den Friedensbringer, vor verschlossenen Toren stehen läßt: „Wenn doch auch du an diesem Tag erkannt hättest, was dir Frieden bringt." (Lk 19,42)

Dem Weinen war anderes vorausgegangen – das vielmalige Anklopfen an den Toren Jerusalems: „Wie oft hab' ich gewollt, ihr aber habt nicht gewollt!" Jedes Wort, jedes Gleichnis, jede Erzählung Jesu war ein Pochen an die Herzenstüre Israels und der Menschheit; jede Geste, jede Tat, jede Heilung war der Versuch, Türen zu öffnen, Grenzen abzubauen. Was tut Jesus angesichts der Vergeblichkeit, in der Erfahrung des „Umsonst"? Er nimmt die Situation wahr, er sieht die trutzigen Mauern und – er weint aus der Trauer seines Herzens. Hierin liegt das entscheidende und erlösende Geheimnis: Jesus läßt sich weh tun, was weh tut. Und in der Kindlichkeit der eigenen Seele, die er selber eine Voraussetzung für das Eingehen in das Reich Gottes nennt, tut er, was Kinder tun, wenn ihnen etwas weh tut: Er weint. Er frißt die Trauer nicht in sich hinein, daß sie sich zu einem depressiven Knäuel in ihm verknotet. Und er übertönt nicht den eigenen Schmerz durch aggressives Imponier- und Drohgehabe nach außen. So heißt es, wenn man mit einer Grenze nicht zurechtkommt, sich zu fragen und zu sagen: „Tut dir etwas weh? Dann laß die Wahrheit dieses Schmerzes zu. Sie wird dich freier machen! Und sie wird dich der Christusliebe näherbringen."

Sich auf die Spur des „Christus in uns "zu begeben, könnte bedeuten, verschiedenste Lebenssituationen nochmals nachzuerleben: die Geschichte der Anklopfversuche und Abweisungen; die Geschichte des Trauern, der Tränen und der Trauerarbeit.

In all diesen verschiedenen Geschichten geht es um *eine* Geschichte, nämlich die unserer Hoffnung. So wie die Klagemauer in Jerusalem für die Juden auch heute noch eine Mauer der Hoffnung ist; wenn sie dort stehen, sich immer wieder mit ihrem Leib ihr zuneigen, klagen, dann stecken sie oft noch ein Zettelchen in eine Ritze, auf dem eine Bitte, eine Hoffnung ausgedrückt ist.

### Jesus treibt alle Händler aus dem Tempel

Jesus weint; Jesus trauert; Jesus klagt; Jesus spricht klärende Gerichtsworte und – Jesus geht weiter und wirkt weiter. Er macht die Mauern Jerusalems nicht zu einer endlosen Klagemauer, an der er resigniert, sondern er handelt weiter. Und zwar ganz handgreiflich. Unmittelbar nach der Szene vor der Stadt wird eine andere eindringliche gezeigt: „Dann ging er in den Tempel und begann, die Händler hinauszutreiben. Er sagte zu ihnen: In der Schrift steht: Mein Haus soll ein Haus des Gebetes sein. Ihr aber habt daraus eine Räuberhöhle gemacht." (Lk 19,45 f)

Eine Szene, die so hart ist, daß Lukas sie schon gemildert hat und nicht von Stricken schreibt, mit denen Jesus die Händler hinaustrieb. Und es ist auch wirklich nicht leicht, beim Blick auf den äußeren Hergang zwischen heiligem und unheiligem Zorn zu unterscheiden. Die Unterscheidung ist wohl nur für den möglich, der sich erinnert, daß Jesus bei seiner Gefangennahme mahnt: „Wer das Schwert ergreift, kommt durch das Schwert um". Oder wem eine andere kleine, aber bemerkenswerte Stelle bewußt ist, als die „Donnersöhne" (so nennt Er sie!) wieder einmal dreinfahren wollen: Als nämlich Jesus auf seinem Weg nach Jerusalem in einem samaritischen Dorf verschlossene Türen findet, d.h. nicht für die Nacht aufgenommen wird, da reagieren Jakobus und Johannes mit den Worten: „Herr, sollen wir befehlen, daß Feuer vom Himmel fällt und sie vernichtet? Da wandte er sich um und wies sie zurecht. Und sie gingen zusammen in eine anderes Dorf." (Lk 9,54 f) Einige Textzeugen fügen sogar noch hinzu: „Ihr wißt nicht, was für ein Geist aus euch spricht. Der Menschensohn ist nicht gekommen, um Menschen zu vernichten, sondern um sie zu retten."

In Jesus, dem Menschenretter, gehen angesichts von Grenzen Sanftmut und Zorn, Leiden und Handeln zusammen. Vielleicht wird das nirgendwo so deutlich wie in der Szene der Heilung eines Mannes mit einer verdorrten Hand. Als die in Gesetzesräume Eingesperrten keine Antwort auf die Frage wagen, ob man am Sabbat Gutes tun, d.h. heilen, dürfe, da heißt es: „Und er sah sie der Reihe nach an, voll Zorn und Trauer über ihr verstocktes Herz." (Mk 3,5) Von und durch Jesus lernen heißt, befähigter zu echtem Trauern und „heiligem Zorn" zu werden.

## Jesus am Kreuz, außerhalb des Tores

Jesus blieb nicht im Schatten der Klagemauer, und er versteinerte nicht im Rückblick wie die Frau von Lot, die auf Sodom und Gomorrha zurückschaute. Jesus ist weitergegangen – bis es nicht mehr weiterging, bis zur Gefangennahme, bis zur Kreuzigung, bis zum Tod. Und bei diesem Tod, bei diesem Sterben hatte er noch einmal die Maueren Jerusalems vor Augen. Der Verfasser des Hebräerbriefs verweist darauf: „Denn die Körper der Tiere, deren Blut vom Hohenpriester zur Sühnung der Sünde in das Heiligtum gebracht wird, werden außerhalb des Lagers verbrannt. Deshalb hat auch Jesus, um durch sein eigenes Blut das Volk zu heiligen, außerhalb des Tores gelitten." (Hebr 13,11 f) So hat Jesus im Tod, dem stärksten Ausdruck von Grenze, noch einmal die Mauern Jerusalems vor Augen, die ihn ausgrenzten. Und was ohne die Augen des Glaubens sichtbar ist, ist dies: Da ist jemand endgültig an einer Grenze gescheitert. Und auch die Auferstehung Jesu bedeutet nicht, daß er das Sterben rückgängig macht; er kehrt nicht wie Lazarus in „dieses" Leben zurück. Noch in den verklärten Wunden zeigt sich, daß die Grenze angenommen wurde. Und der Abschied von den Jüngern ist ein wirklicher Abschied – auch wenn es heißt: „Es ist gut für euch, daß ich gehe."

So kann Glaube auch nicht der Versuch sein, wirkliche und in gewissem Sinn endgültige Grenzen nicht wahrhaben zu wollen, hinweg zu ideologisieren oder hinweg zu spiritualisieren. Paulus wußte um diese Versuchung, er mahnte die Korinther, daß sie, auch wenn sie mit Christus gestorben und auferstanden sind, doch noch den Tod im Glauben durchleben müßten.

Gerade an den endgültigen Grenzen und zumal an der Grenze des Todes zeigen sich das vielfältige Verhalten und die inneren Einstellungen des Menschen zu Grenzen. Und so ist es wohl kein Zufall, daß E. Kübler-Ross gerade beim Umgang mit Sterbenden deren vielfältige Umgangsweise mit der Todesgrenze entdeckte. Es scheinen vor allem diese Einstellungen zu sein: Nichtwahrhabenwollen, Zorn, Verhandeln, Depression, Zustimmung. Es fällt nicht schwer, diese Reaktionsweisen bei jedem – auch alltäglichen – „Grenzfall" mehr oder minder deutlich und mehr oder weniger vermischt und im Wechsel zu beobachten. Auch bei Jesus sieht man verschiedene Reaktionen: Eine Zeitlang verbirgt er sich; am Grab seines Freundes Lazarus herrscht er den Tod voll Zorn an; am Ölberg ringt, kämpft, „verhandelt" er; seine Seele „ist betrübt bis in den Tod"; der Gebetsruf: „Mein Gott, warum hast du mich verlassen?" zeigt sein Fragen, und im Sterbewort: „Vater, in deine Hände befehle ich meinen Geist" wird eine letzte Einwilligung offenbar. Eine Einwilligung, welche die Grenze annimmt und sie überwindet: „Wenn ich erhöht bin, am Kreuz, werde ich alle an mich ziehen!"


**Die Frauen vor dem Grab**


Selbst die Todesgrenze schien für die, die den Tod Jesu wollten, nicht endgültig genug gewesen zu sein. Darum wurde das Grab selbst noch bewacht, sicherheitshalber. Es wäre nicht nötig gewesen. Die Frauen kamen nur, um Jesus zu salben, einen letzten Liebesdienst zu tun. Bei ihrem Gang bewegt sie bei all ihrer

Trauer die ganz praktische Frage: „Wer könnte uns den Stein vom Eingang des Grabes wegwälzen?" (Mk 16,3) Die Frage ist verständlich, denn es heißt vom Stein: „Er war sehr groß." Und als sie richtig hinschauen – da ist er schon weggewälzt.

Auch dies ist eine Erfahrung mit bedrängenden Mauern, mit von Menschen aufgestellten Hindernissen und mit Problemen, mit denen man sich herumplagt: Über Nacht manchmal kann die Seele ganz leicht werden. Eine Situation ändert sich ohne viel eigenes Zutun. Der Nachbar mit dem Hund, vor dem die Kinder Angst hatten, zieht weg; ein neuer Chef kommt ins Büro; eine umgänglichere und kompetentere Oberin übernimmt die Leitung eines Hauses; ein unerwartetes Erbe beseitigt finanzielle Sorgen usw. Auch für innere Blockaden kann dies gelten: Über Jahre oder jahrzehntelang kämpft jemand mit einem Suchtproblem und wird auf wunderbare Weise durch ein Gebet geheilt oder findet zu einer Gruppe, bei der er vom ersten Augenblick an spürt, daß sie ihm wirksam helfen wird auf seinem Gesundungsweg. Menschen suchen Gott, versuchen von einer Fessel der Sünde loszukommen, und „plötzlich", „wie von selbst" wird das Gesuchte geschenkt. – Diese Weise der Lösung zeigt sich in der Frage: „Wie soll Gott unsere Probleme lösen, wenn wir sie ihm nicht überlassen?" Manchmal scheint es geradezu so zu sein, daß die verkrampften Versuche, Grenzen zu beseitigen, einen darauf fixieren. Fast ist es dann so wie in dem Witz von dem Betrunkenen, der um eine Litfaßsäule herumkreist und angstvoll schreit: „Hilfe, ich bin eingeschlossen!" So kann man dauernd um ein Problem kreisen, mit benebeltem Kopf, und siehe da: Man hebt die Augen, schaut genau hin – und der Stein ist weg, die Grenze überwunden.

## Als die Jünger aus Furcht vor den Juden die Tür verschlossen hatten

Auch nach Jesu Sterben ist noch von Grenzen die Rede, von den Grenzen der Angst, der Furcht, des Kleinglauben. Die Jünger verstecken sich und verrammeln ihren Versammlungsraum. Vom Herrn aber heißt es, daß er die Jünger anhaucht und ihnen den Heiligen Geist gibt. Dieser Geist ist es, der den Jüngern die Angst um sich selber nimmt und sie über sich hinaustreibt bis an die Grenzen der Erde. Im Geist ist der Herr ihnen immer und überall gegenwärtig und bleibt nicht ausgegrenzt, sondern nimmt in seinen Jüngern, in ihrer Mitte, immer, wenn zwei oder drei versammelt sind, Wohnung und Bleibe. In diesem Geist haben auch die Jünger jederzeit Zugang zum Vater, können in ihm betend und liebend dem auferstandenen Herrn nahe sein: in Mangel und Überfluß, in Hunger und Sattsein, in Verfolgung und freundlicher Aufnahme. So sieht und erlebt es Paulus. Und die jungen Gemeinden erfahren die entgrenzende Kraft der Liebe Christi, der als der Friede in seiner Person die Feindschaft, die Mauern der Feindschaft niedergerissen hat. Da gilt dann nicht mehr Grieche und Barbar, Jude und Heide, Mann und Frau, Freier und Sklave, da sind alle eins: mitten *in* allen Grenzen und Andersheiten auch darüber hinaus. Da setzt sich auch fort, was die Frauen am Grab zuvor schon erfahren haben: Der Stein ist schon gewälzt. Was zuvor über ihre Kräfte zu gehen schien, das ist schon trotz ihrer Ohnmacht gewirkt: Der Herr hat den Grabstein, der die Todesgrenze endgültig markieren sollte, schon weggewälzt.

So kann alltägliches Christsein bedeuten, immer wieder darauf zu lauschen, wo Steine schon weggewälzt sind, wo Auferstehung „mitten am Tag" (Marie Luise Kaschnitz) sich ereignet: in einem Lächeln mitten in einer beängstigenden Situation; in einer Erfahrung mitten in einer von Jesus seliggepriesenen Armut; in einem Schmerz, aus dem eine Freude zu keimen beginnt; in einer Freiheit mitten in allen Einengungen; in einer Gelassenheit trotz aller Verleumdungen; in einem Frieden angesichts von Anfeindungen; in einem Wahrnehmen von unendlichem Geheimnis mitten in allen Begrenztheiten.

## Der Traum von der himmlischen Stadt Jerusalem

Dort, wo die Grenzen spürbar sind, da wachsen auch die Träume: Nirgendwo wird das Lied von der Freiheit so laut gesungen wie in de Gefangenschaft; nirgendwo stehen einem so die Bilder von Trank und Speise vor Augen wie in sengender Hitze und beim Wandern mit leerem Brotbeutel; und wie ist einem Liebenden der Mensch nahe, den er liebt und der ihm fehlt! Raum und Zeit für Träume. – Die Apokalypse, das letzte Buch der Heiligen Schrift, das Sehnsuchtsbuch – „Maránа tha – Ach, komm doch, Herr!" – ist ein Buch von Visionen und Glaubensträumen. Ein zentrales visionäres Traumbild ist das vom neuen Jerusalem. Dieses neue Jerusalem läßt seinen Friedensbringer nicht mehr draußen stehen, sondern es kommt von Gott her aus dem Himmel herab, „bereit wie eine Braut, die sich für ihren Mann geschmückt hat" (Offb 21,2). Die neue, heilige Stadt Jerusalem ist von der Herrlichkeit des Herrn erfüllt; sie glänzt wie ein kostbarer Edelstein, wie ein kristallklarer Jaspis; auf ihren Toren sind die Namen der zwölf Stämme geschrieben; die Straßen der Stadt sind aus reinem Gold. In all den menschlichen Träumen und Wünschen, Sehnsüchten und Erwartungen, Utopien, Poesien und Theologien sind Ahnungen und Bausteine von dieser Stadt aufbewahrt, die Mauern hat, die aber nicht Hindernis, sondern Wohnraum sind, und deren Tore nicht verschlossen sind, sondern einladend wie ausgebreitete Arme:

„Einen Tempel sah ich nicht in der Stadt. Denn der Herr, ihr Gott, der Herrscher über die ganze Schöpfung, ist ihr Tempel, er und das Lamm. Die Stadt braucht weder Sonne noch Mond, die ihr leuchten. Denn die Herrlichkeit Gottes erleuchtet sie, und ihre Leuchte ist das Lamm. Die Völker werden in diesem Licht einhergehen, und die Könige der Erde werden ihre Pracht in die Stadt bringen. Ihre Tore werden den ganzen Tag nicht geschlossen – Nacht wird es dort nicht mehr geben." (Offb 21,22–25)

# Wovon unser Handeln lebt

## Aktion und Motivation

Wenn von den religiösen, sozialen und politischen Problemen unserer Zeit die Rede ist, warum dann die Frage nach möglichen Motivationen stellen? Wirkt das nicht eher hemmend für unser handeln, das angesichts großer Bedrohungen so sehr angefragt ist? Wozu Psychologie, wenn es um Kooperation, Sozialanalyse, Handlungsstrategien und Solidarisierung geht? Ist das nicht wie wenn man einen VW-Diesel vorwärmt, endlich startbereit hat und dann wieder abschaltet und die Frage stellt: Was bringt mich überhaupt dazu, jetzt loszufahren und wohin denn und warum?

Indessen, der Vergleich stimmt nicht ganz. Jeder ist wohl schon eine ganze Weile gefahren. Und eine kleine Überholung, bei der man das Getriebe des Wagens überprüft und nicht nur die Scheiben reinigt, kann gut tun. Um im Bild zu bleiben: Es ist ganz gut, wenn man auf die Fahrgeräusche des Wagens achtet, um eventuell zu merken: Da läuft was heiß oder: Herrlich, da schnurrt jetzt alles ruhig vor sich hin.

## Ohne Liebe – nichts

Mehr als dieses Bild kann uns ein Hinweis auf das dreizehnte Kapitel des ersten Briefes von Paulus an die Korinther Sinn und Notwendigkeit der „geistlichen Motorik" unseres Tuns aufweisen.

Man kann diesen Text, der manchmal als Lied der Liebe bezeichnet wird, als den radikalsten und kritischsten Text der geistlichen Weltliteratur bezeichnen. In diesem Brief wird ja so ungefähr alles radikal in Frage gestellt, was normalerweise als hoher, ja höchster Wert gilt. Noch die greifbarsten und deutlich-

sten Zeugnisse für Glaube und Hoffnung und Liebe werden infragegestellt – im Namen der Liebe:
Perfekte Beherrschung aller Sprachen, Glossolalie, Reden mit Engelszungen – ohne die Liebe: nichts!
Prophetische Rede, die alle bekannten Hellseher in den Schatten stellt – ohne die Liebe: nichts!
Erkenntnis aller Geheimnisse, die alle bisherige esoterische Literatur überflüssig macht – ohne die Liebe: nichts!
Eine Glaubenskraft, die nach Jesu Wort Berge versetzt, und alle psychokinetischen Versuche, magischen Rituale und Psi-Faktoren der Lächerlichkeit preisgibt – ohne die Liebe: nichts!
Ja, und wenn einer alles verschenkte, was er besitzt, und einer Stiftung, einem Sozialfond zukommen ließe – ohne die Liebe: nichts!
Wenn einer sein Leben, seinen Leib dem Feuer übergäbe, und dies käme aus einem dummen Fanatismus und nicht aus Liebe – „nützte es mir nichts", sagt Paulus.
Es mag deutlich geworden sein, daß Paulus hier auf eine Weise Gotteswort in Menschenwort ausdrückt, daß es wie ein „zweischneidiges Schwert den Leib durchdringt bis zur Scheidung von Mark und Knochen" – und das nicht um einer zerstörerischen Wirkung willen, sondern um unübersehbar deutlich zu machen: Was allem seinen Wert gibt, ist die Liebe! Die Qualität unseres Handelns hängt einzig und allein davon ab, wie weit es aus Liebe geschieht.
Was aber ist diese Liebe? Paulus steigert die Erwartungen fast ins Unerträgliche. Was soll denn Liebe sein, wenn all das Genannte möglicherweise nicht aus Liebe geschieht? Seine Antwort kann als ernüchternd banal, aber vielleicht gerade deshalb auch als ermutigend und lebensnah empfunden werden.

Die Liebe ist langmütig,
die Liebe ist gütig.
Sie ereifert sich nicht,
sie prahlt nicht,
sie bläht sich nicht auf.

Sie handelt nicht ungehörig,
sucht nicht ihren Vorteil,
läßt sich nicht zum Zorn reizen,
trägt das Böse nicht nach.
Sie freut sich nicht über das Unrecht,
sondern freut sich an der Wahrheit.
Sie erträgt alles,
glaubt alles,
hofft alles,
hält allem stand.
Die Liebe hört niemals auf. (1 Kor 13,4–8)

Also, noch einmal, Paulus ist der Überzeugung, daß sich in den genannten inneren Gestimmtheiten und Haltungen, in den „Früchten des Geistes", der Heilige Geist, der die Liebe ist, zeigt und unserem Handeln seine wahre Qualität gibt. Aus dieser Sicht und aus diesem Grund ist es sinnvoll, danach zu fragen, was unser Tun und Lassen bewegt.

Im folgenden soll ein Reihe von möglichen Motivationen darge- stellt werden, die alle eine Art von Gewissenserforschung in Gang setzen können.

Dabei ist zu beachten, daß es nicht nur um negative Motivatio- nen geht, sondern auch um positive. Wir sind es vielleicht im- mer noch von der „alten" Gewissenserforschung und einer gewissen psychoanalytischen Richtung her gewohnt, im Unbe- wußten nur Verdrängtes, Bös-Triebhaftes, Fragwürdiges zu ver- muten und eigentliche nicht zu erwarten, daß dort auch die Liebeskräfte wurzeln und der „verdrängte Gott", wie es Viktor Frankl einmal ausdrückt.

## Mitmachen durch Ansteckung

Es gibt nicht nur Grippeviren und ansteckende Infektionen, sondern auch ein Handeln anderer Menschen, das ansteckt; man weiß eigentlich gar nicht genau warum: Man gibt für Misereor, für Adveniat, engagiert sich hier und dort, weil es andere auch tun und weil man es ohne viel nachdenken und Auswerten für gut findet. Zumeist wird man dabei durch ein gutes Gefühl belohnt. Man lebt einen guten Brauch weiter. Man handelt per Ansteckung.

## Engagement aus der Freude an der gemeinsamen Aktion

Vor allem für junge Menschen, aber nicht nur für sie, ist die Freude an einer gemeinsamen Aktion Grund für helfendes Handeln. Ich erinnere mich, was es für uns in der Jugendgruppe „Neudeutschland" in Ravensburg bedeutet hat, als wir über ein Jahr hinweg im Rahmen einer Diözesanaktion die 'Aktion Kisii' mitgemacht haben. Wir führten ein Kabarett an verschiedenen Orten auf, sammelten einige hunderttausend Briefmarken, tonnenweise Kleidung und ich weiß nicht, was noch alles. Heute frage ich mich fast: Hätte ich noch den Mut und die Energie dazu? Damals war es einfach schön, sich so richtig voll reinzuhängen, die ganze Freizeit herzugeben und mit anderen zusammen etwas Sinnvolles auf die Beine zu stellen, nämlich einer Diözese in Afrika zu helfen. – Nebenbei hat noch das Wettbewerbmotiv ein Rolle gespielt, wir bekamen einen ersten oder zweiten Preis dafür.

## Helfend handeln aus der Freude heraus, die das gibt

Zu meinen frühen Kindheitserinnerungen gehört es, wie ich als vielleicht vierjähriger Bub einer alten Frau helfe, ohne daß sie mich darum gebeten hat, einen Karren den Berg hochzuschieben. Am Schluß gab sie mir einen kleinen Geldschein, der nicht viel wert war. Auch wenn er mehr wert gewesen wäre, das war nicht das Entscheidende. Ich spüre heute noch die Freude, die mich damals als Bub erfüllt hat. In diesem Tun muß etwas gewesen sein, das sich in der Seele als Freude ausgewirkt hat. Es ist offensichtlich nicht nur mühsam, jemandem zu helfen, sondern es kann auch Freude machen; Freude, die wieder zum neuen Tun einlädt und lockt. – Wenn man das Gesagte groß und musikalisch ausdrücken möchte, dann genügt die Erinnerung an den Schlußchor der neunten Sinfonie von Beethoven, die Ode an die Freude, in der gesagt wird, daß es die Freude ist, die die ganze Welt und Schöpfung in Gang hält. Im Kalenderspruchformat liest sich dies dann so: „Etwas wirklich Großes wurde nie ohne Freude vollbracht."

## Dienst im Namen der Gerechtigkeit

In seinem Buch „Die Verdammten dieser Erde", dem „kommunistischen Manifest der antikolonialen Revolution", schreibt der Arzt und Freiheitskämpfer Frantz Fanon:
„Und wenn wir ein europäisches Staatsoberhaupt mit der Hand auf dem Herzen erklären hören, daß man den unglücklichen unterentwickelten Völkern zu Hilfe kommen müsse, so erzittern wir nicht vor Dankbarkeit. Ganz im Gegenteil, wir sagen uns: das ist eine gerechte Reparation, die man uns schuldig ist. Deshalb werden wir nicht zugeben, daß die Hilfe an die unterentwickelten Länder als ein Werk der Barmherzigkeit verstanden wird."
Hier wird versucht, deutlich zu machen, daß ein Mensch im Namen der Gerechtigkeit Forderungen erheben und sich für und gegen andere einsetzen kann.

## Handeln aus Schuldgefühlen heraus mit der Absicht von Wiedergutmachung

Auf dem Hintergrund des eben Gesagten ist klar, daß es ein Handeln aus Schuldgefühlen heraus und mit dem Wunsch nach Wiedergutmachung geben kann. Ich denke an einen jungen Studenten, der mir erzählte, daß er daheim, so mit 16 Jahren, immer wieder beim Kaffeetrinken aufstand mit der Bemerkung: „Wie könnt ihr jetzt eine Torte essen, wenn in Vietnam Kinder verbrannt werden?!" – Man kann sich in etwa ausdenken, wie die Gespräche in der Familie aussahen! Was für ein Knäuel von wirklicher Schuldverstrickung, Ohnmacht, Überzogenheit, – auf jeden Fall eine mögliche Motivation; Handeln aus Schuldbewußtsein heraus. In großem Maßstab zeigte sich dieses Motiv in der Bundesrepublik etwa in der Überlegung, wie den Juden gegenüber das, was menschlich gesprochen nicht mehr wiedergutzumachen war, doch wiedergutgemacht werden könne, wenigstens materiell.

Dieses Handeln aus Schuldgefühlen heraus kann auch verbunden sein mit einem christlichen Besorgtsein oder auch einer unchristlichen Angst vor dem letzten Gericht. Vor der göttlichen Gerechtigkeit wird menschliche Schuld in das Licht der Wahrheit gestellt. Die in der Tradition sogenannten „himmelschreienden Sünden" wie etwa die Einbehaltung eines gerechten Lohnes werden gehört und nicht einfach weggewischt. Ob und wann Handeln aus echter Reue vorliegt und damit sinnvoll ist oder auch ein unerlöstes Bestimmtsein von bloßen Schuldgefühlen vorherrscht, das mag zu unterscheiden suchen wer will und kann; für unseren Zusammenhang ist eines deutlich, daß Schuld und Handeln Zusammenhänge haben.

## Helfen aufgrund der Unfähigkeit, „nein" sagen zu können

Die meisten von uns werden es bei anderen Menschen sehen oder bei sich selber entdecken, daß es schwer fällt, „nein" zu sagen. Solche Menschen sind fast jedem Anspruch hilflos ausgeliefert und können sich dabei so sehr übernehmen, daß sie sich seelisch und körperlich schaden. Irgendeine geheime Hemmschwelle scheint es zu geben, die sie nicht „nein" sagen läßt. Man kann nur vermuten, und bei jedem ist das vielleicht auch anders gelagert: Ist es die Angst, bei einer Absage schuldig zu werden? Ist es die Angst vor Sympathieverlust? Ist es die Süchtigkeit nach Anerkennung? Was es auch sei, dieses Handeln hat den Geschmack von Zwanghaftem an sich.

Um das Gesagte noch zu verdeutlichen: Es kann durchaus geschehen, daß einer, der sich sehr für soziale Belange, Gerechtigkeit, Friede, Umwelt einsetzt, in einem offenen Gespräch oder in der Beichte sagt: „Mein Vater ist immer der Überfordernde gewesen. Gott ist immer der Überfordernde gewesen und ich führe das fort und bin der Überfordernde. Ich überfordere mich und andere. Ich mache mich damit selbst kaputt. Und ich sage auf der einen Seite 'dieses Scheißleben taugt doch nichts' – und versuche dann alle Probleme allein zu lösen. Wenn ich depressiv bin, so ist das kein Wunder!" Auch dies ist der sehr massive Ausdruck einer Schwäche, sich Grenzen setzen zu können, Grenzen anzuerkennen, die einmal da sind in jedem Leben!


## Helfen im Sinne des „Helfersyndroms"

In den letzten Jahren ist es in der kritischen psychologischen Literatur auch den helfenden Berufen an den Kragen gegangen. Die Helferdienste wurden so lange durchgeschüttelt und durchgesiebt, bis sich auch hier das berüchtigte „Haar in der Suppe" fand. Und gar kein dünnes! Die Frage sei und ist: Wie sehr geschieht dein Helfen frei, von innen her, freilassend, oder wie sehr ist das Helfen für dich eine Möglichkeit, dir als starker Retter gegenüber dem armen Opfer vorzukommen, dein Ich aufzubauen, herrschen zu können unter dem Vorwand: „Ich will dir ja nur helfen; ich will ja nur dein Bestes usw."?! Scharfe Fragen, die einen ganz schön verunsichern können; im guten Sinn ebenso wie in einem unguten.

Die Wahrheit, die in dieser Anfrage steckt, wird mir deutlich, wenn ich an ein Gespräch denke, bei dem jemand sagte: „Ich habe mich in die Not der andern hineingegeben und darin meine Selbstentfaltung gesucht und nicht beachtet, daß in der

Begegnung der andere sich ja auch entfalten möchte; und dann war ich böse, voll Angst, Wut und Einsamkeitsgefühlen, weil ich mir weggestoßen vorkam, wenn der andere meine Hilfe nicht annahm. Es war das gleiche Gefühl von Verstoßenheit und Minderwertigkeit, das ich schon von Kindheit her kenne."

An dieser Stelle kann man auch sehen, wie alles ineinander verwoben ist: Es ist ja gottlob so eingerichtet, daß Hilfe dem Helfer selbst hilft, ihn reich beschenkt, und daß er sich darüber freuen darf; aber dann gibt es doch eine Grenze, an der man sieht: Hier schlägt der Altruismus (die Hilfe für den andern) in den Egoismus um.

Eine weniger dramatische, sondern mehr komische Variante des Gesagten ist der gute Pfadfinder, der jeden Tag seine gute Tat tun muß: Am Abend bemerkt er, daß es jetzt höchste Zeit dafür wäre; er sieht eine ältere, etwas unsichere Frau auf dem Bürgersteig und schleift sie mühsam auf die andere Straßenseite, – um dort zu erfahren, daß sie gar nicht die Seite wechseln wollte.

**Engagement aus innerer Aggressivität heraus**

Es war wohl der sozial-politisch engagierte amerikanische Jesuit Daniel Berrigan, der einmal von einer Versammlung von Leuten verschiedenster pazifistischer Gruppen erzählte. Die Diskussion sei immer hitziger geworden, bis jemand sagte: Ich spüre in diesem Raum so viel Aggression, daß man damit einen Krieg anfangen könnte. Nach einer langen Pause sagte dann jemand: „Vielleicht müßte einer sterben, daß wir weiterkommen könnten." So paradox ist der Mensch, sind wir Menschen, daß wir in innerem Haß und voll Aggressivität für den Frieden kämpfen können; vielleicht unbewußt sogar nach dem alten Motto: „Willst du nicht mein Bruder sein, so schlag ich dir den Schädel ein!"

## Engagement, das auf Machtmotive aufbaut

Es muß zu den frustrierendsten (und vielleicht auch wertvollsten) Auswertungserfahrungen der Jünger gehört haben, als sie voll Freude vom „Seelsorgspraktikum" zurückkamen und sich nicht genug tun konnten, davon zu erzählen, wie sie Kranke von allen möglichen Gebrechen geheilt und sogar Dämonen ausgetrieben hatten. Da fuhr ihnen Jesus deutlich dazwischen: „Freut euch nicht darüber, daß ihr Macht über die bösen Geister habt, sondern vielmehr freut euch, daß eure Namen im Buch des Lebens verzeichnet sind!" Was für ein „Nasenstüber"! Eigentlich hätten die Jünger erwarten können, daß Jesus sie lobt, daß sei seinen Auftrag erfüllt hatten, nämlich Kranke zu heilen und Besessene zu befreien. Das war doch geschehen. Das hatten sie doch getan: „Hatten *wir* getan!"; „*Uns* ist die Macht gegeben!" – Und genau das hört Jesus heraus. Da klingt in der Freude etwas falsch. Da macht sich mitten im Seelsorgsdienst Herrschaftsproblematik breit. Und da schreitet Jesus ein, so wie Paulus später, der einmal sagt: „Wir sind nicht Herren eures Glaubens, sondern Mitarbeiter an eurer Freude!" Was für verschiedene Motivationen, Haltungen! Äußerlich geschieht fast das gleiche, und doch, welch ein Unterschied von innen her! Wie dies von Seelsorgern gelten kann, so kann es genauso auch von Politikern, Gewerkschaftlern usw. gelten. Da mag jemand den Kampf für die Gerechtigkeit auf seine Fahnen geschrieben haben und vielleicht auch objektiv einiges erreichen, aber eine andere Seite des Geschehens ist vielleicht – man darf nicht mehr als „vielleicht" sagen – sein ziemlich rücksichtsloses Machtinteresse, das er mit seiner „Gerechtigkeitspartei" verfolgt.

## Dienende Begegnung als Ausdruck eines Bekehrungsgeschehens

Es ist interessant, im Testament von Franz von Assisi nachlesen zu können, was er selber als den Anfang seiner Bekehrung bezeichnet: Es war die Umarmung des Aussätzigen, also eines Menschen, vor dem er zuvor nur Abscheu und Ekel empfunden hatte. In der Umarmung, so schreibt er, wurde die Begegnung für ihn zu Süßigkeit umgewandelt. Hier ist also die dienende Begegnung mit einem Armen Ausdruck dafür, daß eine innere Werteskala sich anfängt zu verschieben, daß jemand anfängt, einen Ausgestoßenen als Menschenbruder zu erkennen und anzuerkennen.

## Handeln aus solidarischem Mitleiden heraus

In der Heiligen Schrift ist es oft, ja zumeist das Mitleid, das einen Menschen und Jahwe zum Handeln treibt: Beim barmherzigen Samariter wird ausdrücklich gesagt: „Er sah ihn und hatte Mitleid", während es bei den beiden anderen heißt: „Er sah ihn – und ging vorüber!" Ebenso heißt es bei dem Vater, der seinen zurückkehrenden Sohn erblickt: „Er sah ihn, hatte Mitleid mit ihm und lief ihm entgegen." Vielleicht kann dieses solidarische Mitleid am besten gekennzeichnet werden mit dem Wort: „Als wär's ein Stück von mir". Hier kommt, fast instinktiv, die goldene Regel zum Vollzug, die besagt: Sei so zu einem anderen wie du möchtest, daß er zu dir ist. Die innere Verbundenheit mit dem anderen Menschen läßt dessen Schicksal fast wie das eigene erleben und erweckt so handelnde Kräfte.

## Handeln aus der „grundlosen", „warumfreien" Liebe heraus

Von einem Journalisten wird erzählt, daß er eine der Schwestern von Mutter Teresa beobachtete, wie sie ein faulendes Bündel Mensch sorgsam und liebevoll umsorgte. Der Journalist sagte in einer Mischung aus Entsetzen, Bewunderung und Unverständnis: „Schwester, das würde ich nicht für tausend Dollar tun." Als Antwort kam: „Ich auch nicht!" – Wofür tut's dann die Schwester? Vielleicht läßt sich gar kein Grund im üblichen Sinn angeben: Deshalb und deshalb tu ich's. Sie liebt und sie tut's. Vielleicht würde sie einfach sagen: Umsonst. Gratis. Einfach so. Es ist gut so. „Um Gotteslohn", wie man früher sagte.

## Im Armen Christus begegnen als Quelle für den Dienst

Vor Jahren wurde im Rundbrief der süddeutschen Jesuitenprovinz ein Brief eines Missionars abgedruckt, der für seine rauhherzliche Art bekannt war und der wenig von frommen Sprüchen hielt. Er schreibt an einer Stelle in diesem Brief:
„Was ich gesucht habe – einen schlichten Dienst am Armen und das Teilen des Lebens mit den Leuten an der Basis – habe ich gefunden. Manchmal kann ich in dieser ‚Schciße' die Gegenwart Christi fast betasten. Boff sagt mit Recht: Die Armen sind ein Sakrament (= Zeichen der Gegenwart Christi)."
Hier wird, ahnungsweise, deutlich, was Christus gemeint hat, wenn er sagte: Was ihr dem geringsten meiner Brüder getan habt, das habt ihr mir getan. Der Becher Wasser, das Kleid auf dem Leib, das gute Wort – es berührt den und ist dem geschenkt, der selber die menschgewordene Liebe Gottes ist. Solches tun kann aus der Sehnsucht geboren sein, leben, handeln und lieben zu wollen, wie es Jesus getan hat. Mit ihm den Weg gehen wollen, den er in der Bergpredigt vorgezeichnet hat und den er selber gegangen ist.
Was sind Beweggründe, die unser Handeln beeinflussen können? Dies war die Ausgangsfrage, die durch die Beispiele, Gedanken und kurzen Erläuterungen vielleicht ein Stück weit eine Antwort gefunden hat.
Freilich muß wenigstens im Vorübergehen auf einige naheliegende mögliche Mißverständnisse aufmerksam gemacht werden; Es gibt nicht nur *ein* Motiv, sondern zumeist ein ganzes Bündel davon. Diese Motive sind wohl auch nie ganz rein oder ganz verdorben: Es gibt Gutes und Böses in uns. Damit ist auch gesagt, daß man nicht mit dem Handeln warten kann, bis man

alle seine Motive ganz gereinigt hat; da kämen wir in dieser Weltzeit wohl nie zum Tun. Es gilt daher auch immer, im Hinspüren, im Meditieren, im Selbstgespräch, im Dialog, im Gebet die bewußten und oft unbewußten Motive reinigen zu lassen. Nicht umsonst läßt Ignatius zu Beginn jeder (!) Meditation darum bitten, daß alle Absichten, Bewegungen und Handlungen auf das Lob Gottes ausgerichtet sein mögen.

Durch den Hinweis auf eine alte, griechische Sage soll noch einmal deutlich werden, worin diese Frage nach den Motiven ihren Sinn haben kann.

Dem König Mithridates wird der Wunsch erfüllt, daß alles, was er berührt, zu Gold wird. Dies ist zunächst die Erfüllung seines Herzenswunsches, doch dann wird bald eine furchtbare Konsequenz sichtbar: auch das Essen und die Getränke, die er berührt, werden zu Gold – also ungenießbar! Gibt es beim menschlichen Handeln nicht auch so eine Art „Mithridates-Symptom"? Dies will sagen: In dem Maß, in dem unsere Herzen, unsere Hände, schmutzig sind, haftet allem, was wir anfassen, notwendigerweise dieser Schmutz an und wird im selben Maße auch „versalzen", schwer genießbar. Und umgekehrt: In dem Maße, in dem unser tun aus einem wirklich „goldigen Herzen" kommt, wird alles, was wir anpacken, zu Gold.

# Lebensvolle Nächte

## Spielregeln für Träumer

„Mit 17 fängt das Leben erst an, mit 17 hat man noch Träume!"
– so hieß es in einem Schlager der frühen sechziger Jahre, und
vor kurzem stieß ich im Alten Testament auf den Vers: „Als
Josef siebzehn Jahre zählte, also noch jung war …" (Gen 37,2)
Ja, was war damals, als Josef 17 Jahre jung war?
Er weidete mit seinen Brüdern die Schafe und – er träumte. Er
träumte von den Garben seiner Brüder, die sich vor seiner Gar-
be ehrfurchtsvoll verneigten. Und Josef war spontan genug, dies
zu erzählen. Die Reaktion der Brüder war Empörung: „Willst
du dich als Herr über uns aufspielen?" (Gen 37,8) Es bleibt nicht
bei der bloßen Deutung des Traumes, sondern eines Tages, als
Josef kommt, um nach den Brüdern zu schauen, heißt es: „Dort
kommt ja dieser Träumer. Jetzt aber auf, erschlagen wir ihn,
und werfen wir ihn in eine der Zisternen. Sagen wir, ein wildes
Tier habe ihn gefressen. Dann werden wir ja sehen, was aus
seinen Träumen wird." (Gen 37,19–20)

### Ich schlafe, aber mein Herz wacht

Wie sich zeigt, kann es gelegentlich lebensgefährlich sein, Träume zu erzählen. So ist es vielleicht gut, einen Schutzpatron der
Träumer und der Traumdeuter zu ernennen. Privat habe ich
dies bereits getan: Es ist der heilige Josef des Neuen Testamen-
tes, der alle entscheidenden Botschaften im Schlaf, im Traum
bekommt. Wie kam es zu diesem inoffiziellen Patronat Josefs?
Den Anlaß dazu gab mir die Erfahrung bei Exerzitien, daß manche Teilnehmer im Gespräch gelegentlich Träume erwähnten;
manchesmal ganz von selber, manchesmal, wenn ich fragte, wie
sie geschlafen hätten. Sich nach so etwas zu erkundigen braucht

weder bloße Höflichkeit noch unangebrachte Neugier zu sein, sondern kann ganz auf der Linie der ignatianischen Exerzitien liegen: Ignatius läßt den Exerzitienbegleiter immer nach dem fragen, was jemand an Gedanken, Empfindungen und Regungen bewegt; er ermutigt zu nächtlichen Betrachtungen und leitet dazu an, nachdem man sich niedergelegt hat und bereits einschlafen will[1], nochmals an die nächste Meditation zu denken und gleich nach dem Aufwachen sich darauf zu konzentrieren. Hier kommt zwar kein Traum zur Sprache, aber die Überzeugung, daß das Samenkorn des Wortes, das am Abend in die Seele gesät wird, in der Nacht geheimnisvoll stirbt und wächst und wirkt. „Ich schlafe, aber mein Herz wacht", lautet eine alttestamentliche Kurzformel für diese Überzeugung. In ihr ist der Glaube eingeschlossen, daß man „Gott in allen Dingen suchen und finden" könne, also auch im Schlaf und im „Traum-Ding". Mit dieser Überzeugung ist aber auch die Aufgabe mitgegeben, die Geister zu unterscheiden im Sinn des biblischen Wortes: „Prüfet alles, das Gute behaltet!" (1 Thess 5,21) Um es gleich vorweg zu sagen: Es gibt wohl für die Unterscheidung der Geister bei den Träumen – wenn man sich darauf überhaupt einlassen will – keine grundsätzlich anderen Prinzipien und Merkmale wie für die Unterscheidung von Wachzuständen. Was einem Menschen mehr zum Glauben, Hoffen und Lieben hinführt, das geht in die Richtung des Evangeliums. Was letztlich mehr Mißtrauen, Resignation und egoistisches Kreisen um sich selbst hervorruft, läuft in die Richtung des Bösen und Zerstörerischen. Es bedarf also der liebevollen Aufmerksamkeit, um innere Bewegungen unterscheiden zu können.

Im folgenden sollen einige Träume aus der geistlichen Tradition und Literatur sowie von einigen Exerzitienteilnehmern erzählt werden, sie werden mehr erzählt als gedeutet. Dies soll gleich von vornherein deutlich machen, daß es mehr darauf ankommt, den Träumen gelegentlich ein Lebensrecht im Wachbewußtsein einzuräumen, als viel zu deuten. Oft gibt sich die

---

[1] Exerzitienbuch Nr. 73.

Deutung fast von selbst. Oft erst nach Jahrzehnten wie bei Josef, als seine Brüder in Ägypten vor ihm auf dem Boden liegen wie die Garben im Traum. Oft genügen Grundregeln der Unterscheidung, und oft ist es, wie in der Therapie auch, daß das Wichtigste zumeist schon im bloßen Erzählen geschieht.

## Den „verdrängten Gott" träumen

Viele Ängste vor der Psychologie kommen daher, daß das Unbewußte den meisten Menschen bloß als eine Art Müllkippe oder dunkler Keller im Wohnhaus vorkommt. Man meint, dort sei bloß alles Dunkle, alle verdrängte Bosheit und alles unterdrückte Böse. Dies stimmt zum Teil. Aber es stimmt auch, daß das Lichte weggeschoben werden kann, wie das zum Beispiel der Pessimist tut, der Positives nicht hochkommen lassen will. In einem Traum des Schriftstellers Willy Kramp zeigt sich exemplarisch, wie reich ein Mensch für sein ganzes Leben im Schlaf beschenkt werden kann: „Als junger Mann träumte ich einen Traum, den ich bis an mein Lebensende nicht vergessen werde: Ich ging auf einer mir fremden Straße durch dichten Nebel. Eine Stimme sagte: ‚Strecke deine Hand aus!' Ich streckte die Hände aus, und mir wurden Dinge hineingetan, so schön, daß ich es in Worten nicht beschreiben kann. Ich schritt weiter und weiter durch den Nebel; immer aufs neue griff ich ins Nichts, und immer wieder wurden mir die Hände wundersam gefüllt. Ich nahm, was mir geschenkt wurde ohne Begehren, aber in einem sich immer glücklicher steigernden Gefühl überirdischer Freude. Niemals in meinem Leben war ich so belebt von der Gewißheit, dem Wunderbaren entgegenzugehen. Damals begann ich zu ahnen, was es heißt, Gott zu vertrauen."[2]
Der Geschäftsmann Helmut Laun erzählt in seinem Buch „So bin ich Gott begegnet" von einem Befreiungstraum, den er in der Nacht zum Franziskusfest hatte. Er, seine Seele, befand sich

[2] Willy Kramp, Lebenszeichen, Freiburg 1978, 26.

in einem Kerker. Alles war fest zugemauert, und nur der Blick durch die Gitterfenster war frei auf einen Raum, den die Seele als ihre Heimat erkannte – aber ein Weg dorthin war unmöglich. Als er schließlich in seinem Gefängnisraum zurücktritt und nach oben schaut, sieht er: Der Raum ist nach oben hin offen und frei: „Diese wahre und einzige Öffnung war Christus. Ich sah keine Gestalt, ich hörte keine Worte, aber ich begriff mit unsagbarer Eindringlichkeit den Sachverhalt, den Ausweg aus der Hoffnungslosigkeit, die diskussionslose Wahrheit der Worte: ‚Ich bin der Weg, die Wahrheit und das Leben.‘ "[3]

Diese beiden Träume, die für viele kleine und große Träume stehen, können ahnen lassen, daß es Nächte geben kann, in denen Menschen tiefer zur Wahrheit ihres Lebens hinfinden können. Eine erste Spielregel für Träumer könnte heißen:

*Laß die Wahrheit deiner Träume dasein!*


**Jeden Morgen weckt er mein Ohr**


Mancher mag in dem Stoßseufzer: „Was soll der Tag schon werden, wenn er mit dem Aufstehen anfängt!", seine morgendliche Gefühlswelt wiedererkennen. Aber der Morgen fängt nicht mir dem Aufstehen, sonder dem Aufgewecktwerden und Aufwachen an. Und gibt es neben den natürlichen Schwerkräften nicht eine eigene spirituelle Gewichtigkeit der ersten Momente des erwachenden Bewußtseins, die das Aufstehen vielleicht erleichtern könnte? – Jedenfalls legt sich diese Sicht nahe, wenn wir schauen, wie beim Propheten Isaias das Erwachen des Gottesknechtes ausgedrückt wird: „Jeden Morgen weckt er mein Ohr, damit ich ihn höre wie ein Jünger." (Jes 50,4)

Natürlich ist es die Sonne, der Wecker oder die „innere Uhr", die uns weckt. Ist es aber nicht auch in einem ursprünglichen Sinn Jahwe, der Herr, Gott, der uns und unser Herzensohr weckt? Auf dieses Aufwachen zu achten, kann eine der un-

---

[3] Hellmut Laun, So bin ich Gott begegnet, Linz 1982, 93 ff.

verfänglichsten und fruchtbarsten Weisen sein, den nächtlichen Geheimnissen einen Tagraum einzuräumen. Darum lautet bei Exerzitien mein abendlicher, meist mit Lächeln und Zustimmung aufgenommener Hinweis: „Genießen Sie das Aufstehen!" Dies bedeutet, sich Zeit zu lassen und ein paar Minuten freundlich fragend zu schauen: Was taucht in meinem Bewußtsein auf? Welche Gedanken, Bilder, Gefühle, Stimmungen, Worte, Traumfetzen? Nicht wenige Menschen haben da eine ganze eigene, helle und wichtige Zeit.

Ein paar Beispiele dafür: jemand, der sich in innerem Ringen um Freiheit und Gehorsam erfährt, wacht mit einem Meditationsbild vor Augen auf, das die angeketteten Hände Jesu zeigt und mit den Worten betextet ist: „Gib mir die Freiheit deiner gefesselten Hände", und kann sich dies zur eigenen Bitte machen. Oder: Jemand erzählt, fast verschämt, von schlichten Worten, die ihm beim Erwachen im Geist standen und die er als Nähe Gottes verspürte: „Hab keine Angst – Ich bin bei Dir – Du darfst mir folgen – Ich will Dich noch schwächer machen – Ich liebe Dich!" So ein Wort, beim Erwachen ins Herzensohr geflüstert, kann eine lange Zeit tragend sein.

In ihrem Buch „Spät kam der Tag" erzählt Elizabeth Vandon, eine Frau, die lange ein ausschweifendes und rauschgiftabhängiges Leben geführt hat, von ihrem Aufwacherleben: „Morgens, wenn ich noch nicht recht wach bin, glaube ich manchmal, noch in jener Zeit zu leben, da es mir schwerfiel, dem Tag entgegenzusehen. Dann aber wird mir mit einem Male bewußt – ein wunderbarer Gedanke –, daß jetzt alles anders ist: Gott ist doch da. Ich lächle und sage: ‚Guten Morgen, lieber Gott.' Und beim Aufstehen fühle ich mich glücklich und jung in einer Art und Weise, wie ich sie damals, als ich wirklich jung war, nie kannte, und ich denke an die Worte, die ich bald darauf in der heiligen Messe sprechen würde: ‚Ich will hintreten zum Altare Gottes, zu Gott, der meine Jugend erfreut.' "

In diesem Bericht zeigt sich die Urform allen Morgengebets: das Bewußtsein, in Gottes Gnade zu leben, von ihm ins Leben, in ein neues Leben, in einen neuen Tag, gerufen zu sein.

Natürlich kann es auch sein, daß wir morgens den gleichen Anblick bieten wie die beiden Männer im Gefängnis mit ihren Träumen, die Josef fragen ließen: „Warum seht ihr heute so böse drein?" Sie antworteten ihm: „Wir hatten einen Traum, aber es ist keiner da, der ihn auslegen kann." (Gen 4,7) Dennoch ergibt sich daraus eine zweite Spielregel für Träumer: *Sei aufmerksam und voll Vertrauen!*

## Unvollkommen loben

Einer meiner wenigen Träume, an die ich mich erinnere, ist ein morgendlicher Aufwachtraum: Ich sehe vor mir geschrieben das Augustinuszitat: „Unvollkommen loben, Ich lobe unvollkommen Gott." Wegen seiner Einfachheit und Klarheit wohl blieb mir dieser Traum gegenwärtig. Und er blieb nicht nur gegenwärtig, sondern wirkte wie ein Sauerteig in meinem Tagesbewußtsein weiter. Mir fiel nämlich plötzlich auf, daß es ganz darauf ankommt, wie man den Satz betont. Ob man betont „*Unvollkommen* loben. Ich lobe *unvollkommen* Gott" oder „Unvollkommen *loben*. Ich *lobe* unvollkommen Gott." Die Aussage bleibt die gleiche, und doch ist das Lebensgefühl sehr verschieden. Das eine mal steht das deprimierende Unvollkommensein im Vordergrund und überschattet alles; das andere Mal steht das positive Vermögen im Vordergrund. Diese verschiedene Akzentuierung habe ich dann durchgespielt an vielen Beispielen und gesehen, wie lebensfeindlich ein Vollkommenheitswahn ist und wie lebensfreundlich die demütige Annahme von all dem, was uns gegeben ist, mitsamt seinen Grenzen.

Zu diesem Durchspielen der verschiedenen Vorstellungen kam dann noch die Phantasie dazu, daß da eine arme, verängstigte Seele beim Gericht Gottes zitternd ihre Unvollkommenheitslitanei herunterbetet und Gott selbst sozusagen erschrickt und sagt: „Ja, du wirst dich doch nicht dein ganzes Leben lang so verzweifelt angestrengt haben, weil du geglaubt hast, ich würde dich nur liebend annehmen, wenn du alles ganz vollkommen machst?! Ich liebe dich doch auch mit deiner unvollkommenen Liebe!"

Was das Gesagte vielleicht andeuten kann, ist die Wahrheit, daß ein Traum nicht einfach ein Traum ist, sondern seine eigentliche Kraft manches Mal erst im Erzählen, im Weiterdenken und Weiterphantasieren und Durchdenken entfalten kann. Manchmal kann die Weiterführung von außen geschehen: Auf einem Primizbildchen und dann noch am Fest des heiligen Augustinus auf einem Kalenderblatt begegnete mir das Wort des Heiligen: „Du, Herr, stehst zu allen deinen Werken, die du begonnen hast. Vollende auch meine Unvollkommenheit." Und so eine dritte Spielregel:

*Träume den Traum im Wachsein weiter und laß ihn wachsen!*

## Du mußt das Traumgesicht anders verstehen!

In einem wichtigen Traum des heiligen Franz von Assisi zeigt sich auf eigene Weise, wie sehr Träumen, Halbschlaf und Deutung des Traumes, Leben und Wachträumen, Wünsche und Entscheidungen ineinanderfließen. Franziskus war ausgezogen, um als Ritter sich Ehre zu erwerben. In einem Traum sieht er einen herrlichen Palast mit Waffen und hört, daß all dies ihm und seinen Edlen gehört. Ermutigt zieht er anderntags weiter, kommt aber dann doch ins Grübeln, hat im Halbschlaf ein Traumgespräch und fragt: „Herr, was willst du, daß ich tun soll?" – „Kehre zurück in die Heimat, und es wird dir gesagt werden, was du tun sollst; du mußt das Traumgesicht, das du sahest, anders verstehen!"[4] Beim Erwachen begann er mit allem Ernste über das Erlebnis nachzudenken. Und während er bei dem ersten Traumbild wie außer sich war vor Verlangen nach weltlichen Zielen und vor lauter Freude, ward er jetzt ganz in sich gekehrt ... Und am Morgen zog er eilends nach Assisi zurück,

---

[4] Franz von Assisi, Legenden und Laude, Hgb. O. Karrer, Zürich ⁶1975, 32–34.

in überwallendem Glück und stillem Jubel, gewärtig des Herren Willen, der ihm dies offenbart hatte.

Die Differenzierung von „außer sich vor Verlangen" und „stillem Jubel" erinnert sehr an die Situation, die Ignatius in seinem Erleben als Anfang der Unterscheidung der Geister kennzeichnet: Beim Lesen der Ritterromane und in seinen erotischen Wachträumen empfindet er eine Befriedigung nur während er ganz dabei ist, nachher fühlt er sich eher leer. Beim Lesen von Heiligenbiographien – zum Beispiel des heiligen Franziskus – erfährt er auch nach der Lektüre eine bleibende, tiefe, leise und doch starke Freude. In diesem Sinn kann für den Umgang mit Träumen eine vierte Regel aufgestellt werden:
*Achte darauf, ob sie dich leer machen oder ob eine tragende Kraft und Freude von ihnen ausgeht!*

## Bin ich dann nicht ich, Herr, mein Gott?

„Bin ich dann nicht ich, Herr, mein Gott? Wahrhaftig, solch ein Unterschied ist zwischen mir und mir, schon innerhalb eines Augenblicks, wo ich von hinnen in den Schlaf hinübergehe oder vom Schlafe zurückkomme!" Es sind „Bilder von tierischer Geilheit" in sexuellen Träumen, die den heiligen Augustinus in seinen berühmten Konfessionen nach seinem Ich fragen lassen. Für den Fachmann mögen Fragen nach dem Gewissen, der Es-Ich-Über-Ich-Struktur von Augustinus interessant sein; für den Normalträumer, der mit seinen Träumen geistlich umgehen möchte, ist wohl anderes wichtig: Einmal der Schritt zur Wahrhaftigkeit, die nicht wegschiebt, was zu einem gehört. Zum anderen der Mut, den Augustinus zeigt, wenn er seine Lebenswirklichkeit – als Bischof – anderen Brüdern vorlegt mit der Bitte: „Möchte Brudersinn an mir lieben, was Du als liebenswert ihm zeigst, und an mir beklagen, was Du als beklagenswert zeigst." Und schließlich die Demut, das eigene Leben mit all seinen Begrenzungen im Gebet vor Gott zu bringen. Das berühmte Stoßgebet – „Gib, was Du verlangst, dann verlange, was Du willst!" – spricht Augustinus genau im Zusammenhang mit seiner erotischen Lebensproblematik. Er erkennt hier, daß er mit bloßem Wollen und Denken sich nicht befreien kann, sondern auf das Wirken des Geistes Gottes in den Tiefen seines Selbst vertrauen muß. Aus dieser Überzeugung heraus betet er – hoffend –, daß „Du Dein Erbarmen in mir vollenden werdest bis zu jenem vollen Frieden, den mein Innen und mein Außen haben wird bei Dir." Damit ist die fünfte Spielregel gegeben: *Sei wahr, sei mutig, sei demütig und bete deine Träume durch vor Gott!*

## Er hat mich ins Licht geführt

Bei einem Exerzitienkurs erzählte eine Frau, die sich sehr verloren, verwirrt, mutlos und schwach vorkam, sichtlich voll Freude den folgenden Traum:
Ich war in einem großen Waldgebiet. Alles ging durcheinander. Pfade und Bäume und Büsche bildeten ein unentwirrbares Durcheinander. Ich wußte nicht mehr aus noch ein und hatte große Angst. In meiner Angst fing ich an, den Rosenkranz zu beten. Wie ich so betete, da fing auf einmal das Kreuzlein des Rosenkranzes an, größer zu werden und immer größer – bis es schließlich die Ausmaße eines normalen Kreuzes mit dem angenagelten Christus hatte. In meiner Not schaute ich zu dem Gekreuzigten hoch und sagte: „Der Exerzitienpater sagt, daß er noch für mich hofft." Darauf stieg der gekreuzigte Christus vom Kreuz, nahm mich bei der Hand und führte mich an den Rand des Waldes, wo es ins Freie hinausging, und einem großen Licht entgegen.
Dieser Traum kann Verschiedenes über die poetische Kraft der Seele sagen. Was an ihm besonders deutlich werden kann, ist das helfende Verwobensein von Menschen. Wo die Exerzitantin sich nicht einmal mehr zutraut, direkt zu sagen: „Ich bin ganz verwirrt, aber ich hoffe noch", da kann sie doch noch, mitgetragen von der Hoffnung des Exerzitienbegleiters, indirekt

einem Vertrauensrest Ausdruck geben: „Er sagt, daß er noch Hoffnung hat für mich!"

Was in diesem Traum sich noch ausdrückt ist, daß nicht der Exerzitienmeister, sondern Christus die Rettung vollbringt, d.h. beides zeigt sich: menschliche Verbundenheit und göttlicher Bund. Das menschliche Sicherheitsnetz, das am Tag geknüpft wird und in der Nacht noch als Traumschleier schützt, und die große, göttliche Hand mit ihren Wundmalen, die das ganze Netz hält, die Suchende an der Hand nimmt und ins Licht führt.

Das Verwobensein von menschlichen und göttlichen Kräften im Traum gilt auch für das Deuten des Traumes. Dies kommt, wie schon angedeutet, in klassischer Weise im Umgang des alttestamentlichen Josef mit den Träumen seiner beiden Mitgefangenen zum Ausdruck. Er sieht sie am Morgen, es fällt ihm ihr Gesichtsausdruck auf und er fragt: „Warum seht ihr heute so böse drein?" Darauf antworteten sie: „Wir hatten einen Traum, aber es ist keiner da, der ihn auslegen kann." Darauf Josef: „Ist nicht das Traumdeuten Sache Gottes? – Erzählt mir doch!" Welche Spannweite! Einerseits das Wissen um die Göttlichkeit des inspirativen Geschehens im Traum und die Geheimnishaftigkeit von Deutungsversuchen und dann doch die schlichte menschliche Aufforderung zu Erzählen. Somit eine letzte Spielregel:

*Laß dich ein auf das Erzählen und geh behutsam um mit dem Geheimnis des Traumes! Denn: „Ist nicht das Traumdeuten Sache Gottes? – Erzählt mir doch!" (Gen 40,8)*

# Marta

## Was in einer Freundschaft möglich ist

„Marta und Maria" – eigentlich gehört das zu den spirituellen Themen, die einigermaßen ausgestanden sind. „Gott sei Dank", möchte man sagen. Wer wollte noch ernsthaft mit dem Blick auf Maria, die Jesus lauscht, und auf Marta, die draußen in der Küche arbeitet, über den Vorrang des kontemplativen vor dem aktiven Leben streiten? Diese Stelle des Evangeliums eignet sich nicht quasi als Steinbruchmaterial für Argumentationen und Kontroversen. Eine unbefangene Lektüre und Exegese zeigt, daß es dem Evangelium nicht um die Beurteilung und Rangordnung von verschieden ausgeprägten Lebensstilen geht. Einen Vorrang der Kontemplation vor der Aktion aus dieser Stelle des Evangeliums herauszulesen, dürfte auch schwierig sein, wenn man bedenkt, daß die Episode zuvor mit den Worten Jesu zur Frage nach der Nächstenliebe endet: „Geh, und handle genauso!" (Lk 10,37) Handle wie der barmherzige Samariter, der sich um den Mann, der unter die Räuber gefallen war, liebevoll gekümmert hatte. Was Menschen unserer Zeit als spirituelle Leit- und Lebenslinie suchen, das finden sie eher in den Worten des hl. Ignatius ausgedrückt: „Gott in allen Dingen suchen und finden."

Wenn, wie gesagt, aus der alten Auseinandersetzung „die Luft raus ist", warum dann doch noch einmal, wieder einmal „Marta und Maria"?

Eine allgemeine Begründung ist leicht gegeben: Es wäre zu wenig, daß nur der alte Zündstoff beseitigt ist, es ginge ja darum, das lebendige Feuer des Heiligen Geistes in dieser Evangeliumsstelle zu verspüren. Aber wie soll dieses zum Aufflammen kommen? Vielleicht durch die Mitteilung einer Entdeckung, welche für mich selber die alten Worte neu zum Sprechen und Leuchten brachte.

## Ein Meßgebet, das lügt?

Vor dieser Entdeckung soll noch eine andere genannt werden, nämlich die des Kirchengebets am Fest der heiligen Marta. Es ist dies die Entdeckung eines Kirchengebets, das „lügt" – oder doch zumindest umdeutet, um es vorsichtiger auszudrücken. Denn ein Umdeuten ist es doch, wenn am Gedenktag der heiligen Marta im Gebet zur Gabenbereitung gebetet wird:

„Wir preisen dich, Herr,
denn du bist groß in deinen Heiligen.
Du hattest Wohlgefallen am Dienst der heiligen Marta;
so laß auch unseren Dienst dir gefallen.
Darum bitten wir durch Christus, unseren Herrn."

Was der Verfasser dieses Gebets sich im einzelnen gedacht hat, dürfte nicht genau festzustellen sein. Jedenfalls schien es im Ganzen die Absicht gewesen zu sein, nicht am Sonntag alle Hausfrauen mit dem Evangelium verprellen zu wollen und den Eindruck zu erwecken, als ginge es im christlichen Leben nicht um ein Glauben, das in der Liebe und in ihrem alltäglichen Tun wirksam wird.
Der Verfasser des liturgischen Gebetes steht mir seinem Umdeutungsversuch in einer alten Tradition. Schon Augustinus nimmt Marta in Schutz mit den Worten: „Beide Frauen sind Freundinnen des Herrn, beide liebenswürdig, beide seine Jüngerinnen ... In Marta das Bild des gegenwärtigen Lebens, in Maria das Bild des künftigen."[1] Und Meister Eckhart bringt sogar das literarische Kunststück fertig zu schreiben:
„Wir haben sie ein wenig in Verdacht, die liebe Maria, als ,sitze' sie sowohl der süßen Lust zuliebe als des geistlichen Nutzens willen. Es mag ihr dünken, sie vermöchte auch schon, was sie wünsche, weil sie beim Herrn so wohl geborgen sitzt. – Nun, laß sehen, ob dem so sei: ,Heiß sie aufstehen, Meister', und von dir

---

[1] Sermo 104, 3 (PL 38,617f).

gehen! Da ist wohl manche Seele, in lauterer Einfalt steht sie, fern von allem Weltgetriebe hoch emporgetragen, bis an den Umkreis der Ewigkeit und – verfällt in Trübsal, da ihr etwas dazwischenkommt, daß sie nicht mehr verzückt dort oben schweben kann."

Zu Marta dagegen könne „Christus lobend sagen: ‚Du sorgst und kümmerst dich um vieles.' Sie besaß sich selbst in so hohem Grade, daß ihr äußeres tun sie nicht hinderte, alles Wirken und Schaffen hin zum ewigen Ziel zu leiten. – Maria mußte erst noch Marta werden, eh sie wahrhaft Maria wurde; sie ging noch in die Schule und lernte erst das Leben. Marta aber stand so fest in ihrem Wesen, daß sie sagen konnte: ‚Herr heiß sie aufstehen'; Ich wollte sie lieber nicht so in Verzückung sitzen sehen; ich wollte, sie lernte leben, damit es ihr zum Wesensbesitz würde! Heiß sie aufstehen, damit sie vollkommen werde!"[2]

Lassen wir dies und viele andere exegetisch-ernsthaften und spirituell-spielerischen Umdeutungen stehen. Sie schlagen sich alle auf ihre Weise mit der aus der Antike stammenden Sicht und Wertung von aktivem, tätigem und kontemplativ-musischen Leben herum, die wir so nicht unbesehen zu übernehmen brauche. Fragen wir, was denn die Entdeckung sei, welche uns vielleicht ein neues Verständnis jener frohen Botschaft geben kann.

**Jesus reagiert**

Die genannte Entdeckung geschah mehr oder weniger zufällig, und zwar durch die Frage: Wann reagiert Jesus eigentlich? Diese Frage ist aufs engste mit den weiteren verbunden: Warum und wogegen reagiert er?

Zunächst einmal: Jesus reagiert nicht am Anfang. Das wäre auch vorstellbar gewesen. Er hätte freundlich und diskret genug Marta ein Zeichen geben können: „Komm und hör zu!" Er, des-

---

[2] Meister Eckhart. Das System seiner religiösen Lehre und Lebensweisheit. Hg. Otto Karrer. München 1926, 189f.

sen großer Schmerz es war, daß „sie Ohren haben und nicht hören", hätte sie liebevoll herbeirufen können. Vielleicht hat sie nur darauf gewartet?[3]

Oder er hätte sie auch – wie hätte es weh getan – provozierend-offen oder diskret-freundlich nach dem Mahl wegen ihres seltsamen Verhaltens zur Rede stellen können. Er hätte genügend Anlaß und entsprechenden Takt dazu gehabt. Eine europäische Afrikamissionarin sagte mir, sie verstünde den Tadel Jesu gut, seit sie in Afrika sei. Dort sei ein solches Verhalten unmöglich. Zuerst müsse der Gast ausführlich begrüßt werden, und dann müsse man mit ihm reden, und danach erst ginge es ans Kochen. In deutschen Haushalten, da passiere es beim Heimaturlaub, daß man gleich nach dem Betreten des Hauses, kaum daß der Mantel abgelegt ist, schon gefragt wird, was man denn auftragen dürfe zum Trinken oder Essen. Alles freundlich gemeint, aber anscheinend unafrikanisch. War es das, was Jesus zum Sprechen brachte? Oder hat es ganz ins orientalische Schema gepaßt, daß die Männer zuhören, und die Frauen das Essen bereiten? So wie Sara beim Kochen nur hinterm Zelttuch das Gespräch Abrahams mit den fremden Gästen kichernd belauschen konnte? Oder hätte nicht Jesus, wie er es ja zuweilen tat, hergebrachte Bräuche als unbrauchbar erweisen können?

Wie dem auch sei, wir brauchen keine Antwort auf diese Gedankenspiele. Es ist nachlesbar und klar: Jesus reagiert erst, als Marta total aus der Rolle fällt. Beides hat Offenbarungswert, und dem gilt es nachzugehen.

### Ein Höhepunkt an Peinlichkeit

Es wurde schon gesagt: Zu einem bestimmten Zeitpunkt des denkwürdigen Tages fällt Marta völlig aus der Rolle. Wenn man, wieder etwas spekulierend, sich ausdenkt, wie Marta hätte regieren können, wird dies besonders deutlich.

---

[3] Vgl. Josef Sudbrack, Die Geschwister von Betanien. Biblisches Zeugnis von der Menschlichkeit Jesu. In: Geist und Leben 59 (1986) 83–92.

Hätte sie sich nicht von Anfang an dazusetzen können und warten? Oder hätte sie nicht ganz leise ihre Schwester wegrufen können und bitten, ihr ein paar Minuten zu helfen? Was wäre gewesen, wenn sie erst nach dem Besuch ihren Ärger ausgedrückt hätte? Gibt's für findige Hausfrauen nicht die Möglichkeit zu einem Schnellgericht, auch wenn man es damals noch nicht aus dem Eisschrank in den Mikrowellenherd stellen konnte?

Also all dies geschah nicht. Und es ging auch nicht, was peinlich genug gewesen wäre, mit öffentlicher Schelte ihrer Schwester Maria vor Jesus ab. Ja, selbst die blamierende Aufforderung, er, Jesus, solle Maria zur Mithilfe auffordern, wird noch überboten durch einen direkten Angriff auf Jesus. Die Szene ist geradezu von exemplarischer Peinlichkeit:

Ein seltener, lieber, hoher Gast und Freund zugleich kommt. Die Leute hören ihm gebannt zu. Und da mitten hinein platzt Marta mit dem Vorwurf an Jesus: „Herr, kümmert es dich nicht, daß meine Schwester die ganze Arbeit mir allein überläßt? Sag ihr doch, sie soll mir helfen!" (Lk 10,40) Man hört förmlich eine doppelte Ohrfeige klatschen: indirekt, verhaltener gegenüber der Schwester, und direkt, scharf, in das Gesicht Jesu: Macht dir das eigentlich gar nichts aus, daß ich allein für dich, für euch alle herumschufte?!

Um die Unmöglichkeit dieser Situation für mich selber noch weiter zu dramatisieren, brauche ich nur die Szene etwas zu aktualisieren: Als vor einigen Jahren Papst Johannes Paul II. im Germanicum und Hungaricum in Rom, einem Seminar für Priesterausbildung, zu Besuch war, saß er beim Abendessen an einem großen Tisch, neben anderen auch mit einigen Studenten zusammen. Andere Studenten machten den Tischdienst. Wenn da jetzt einer geplatzt wäre und „vor versammelter Gemeinde" im Speisesaal hätte verlauten lassen: „Heiliger Vater! macht es Ihnen denn überhaupt nichts aus, daß ich hier von Tisch zu Tisch renne, während meine Mitstudenten herumsitzen und sich mit Ihnen unterhalten und dann lange Briefe über ihre Tischgespräche nach hause schreiben?! Sehen Sie denn

nicht, daß ich schwitze? Sagen Sie denen, sie sollen mit helfen!"
– Die Szene ist zu grotesk, als daß man sie sich als wirklich
vorstellen könnte. Und doch, ist sie nicht der Situation, die im
Evangelium geschildert wird, ziemlich nahe? Also erst in dieser
unmöglichen Situation reagiert Jesus. Da war „seine Stunde"
gekommen. Und dies ist bedeutsam, denn der Zeitpunkt der
Reaktion Jesu offenbart zugleich, wogegen bzw. wofür er spricht.

**Entschiedenheit macht ganz**

Wann reagiert Jesus? Er spricht, als offenbar wird, daß Marta
völlig zerrissen ist, ja aus allen Fugen gerät und sich maßlos
verrennt. Sie kann sich nicht mehr kontrollieren und ist völlig
außer Fassung. Warum dies? Weil sie uneins ist. Marta ist uneins mit sich selber: Sie will zuhören und gleichzeitig ihre wirklichen oder eingebildeten Pflichten als Hausfrau erfüllen. Sie
möchte im Wohnzimmer bei Jesus und bei den Kochtöpfen in
der Küche sein. Und beides gleichzeitig geht nicht. Auch in der
Bibel nicht, die mit dem Wunderbaren auf gutem Fuß steht.
Au diesen wunden Punkt, besser auf diesen Riß legt Jesus seinen Finger. Er sagt mit den unhörbaren Worten in seinem ge-
sprochenen Wort: „Marta, sei entschieden; lebe aus einer ganzen Entscheidung; sei in der Küche oder sei bei mir; sei bereit,
auch den Verzicht, den eine Entscheidung mit sich bringt, auf
dich zu nehmen; was du tust, tue ganz; sei ganz! Nur so wird
deine Not gewendet. Nur eines ist notwendig!"
So gesehen hätte es eine ganz andere Marta-Geschichte geben
können, die etwa mit den Worten endet: „Und der Herr lobte
Marta und sagte: Du bist eine gute Hausfrau, eine wunderbare
Frau! Ich weiß, wie gerne du zugehört hättest bei einem meiner
seltenen Besuche. Aber du hast darauf verzichtet und mir und
meinen hungrigen Jüngern ein vorzügliches Essen gemacht. –
Wer mich aufnimmt, der nimmt den auf, der mich gesandt hat.
Selig, die den demütigen Dienst der Nächstenliebe tun!" Und
alle Benediktiner, ja alle Christen könnten bis ans Ende der Zeit

diese Stelle zitieren, um die wahre Tiefe der christlichen Gastfreundschaft in ihrem biblischen Ursprung aufzeigen zu können. So eine Perikope läge ganz auf der Linie Jesu: „Nicht wer ‚Herr, Herr' sagt, sondern wer den Willen meines Vaters tut …"; „Ich war hungrig und du hast mich gespeist … Wann?? Damals als ich bei dir war, Marta!" – Aber so endet die Erzählung eben nicht, sondern Marta muß sich anhören: „Marta, Marta, du machst dir viele Sorgen und Mühen. Aber nur eines ist notwendig. Maria hat das Bessere gewählt, das soll ihr nicht genommen werden!" (Lk 10,41f)

Inwiefern hat Maria das Bessere gewählt? Weil sie bei dem war und blieb, was für sie „dran" war; weil sie aus innerer Entschiedenheit lebte. Wenn sie nach einiger Zeit unruhig hin- und hergerutscht wäre auf ihrem Sitz, hätte Jesus sie fragen können: Was ist los, Maria? Weiß du nicht, was du wirklich willst? Bleib, wenn du glaubst bleiben zu sollen! Geh, wenn du glaubst gehen zu sollen. – So aber hat Maria das Bessere gewählt – weil sie wirklich gewählt hat.

Für diese Sicht bekam ich, nachdem die Gedanken über Marta und Maria schon Gestalt angenommen hatten, eine überraschende Bestätigung. Sie ist so schlicht und einfach und den Kern treffend wie die Schreiberin der entsprechenden Zeilen selber, die kleine Therese. Auf der letzten Seite ihrer selbstbiographischen Schriften – mittendrin schreibt sie nur noch mit Bleistift weiter – notiert sie: „Nicht die Arbeiten Martas sind es, die Jesus tadelt; diesen Arbeiten hat sich seine göttliche Mutter ihr ganzes Leben lang demütig unterzogen, da sie die Mahlzeiten Hl. Familie zubereiten mußte. Einzig die Unrast seiner eifrigen Gastgeberin wollte Jesus zurechtweisen."[4]

So gesehen können die Füße Jesu, an denen Maria saß, überall sein: im Wohnzimmer und in der Küche, in der Kirche oder im Betrieb. Und in diesem Sinn läßt sich formulieren:

„Aber, / wird mancher sagen, / ich weiß ja nicht, / wo die Füße

[4] Therese von Kinde Jesus, Selbstbiographische Schriften. Einsiedeln ⁵1964, 274.

Jesu sind, / an denen Maria / gesessen hat. / Setz dich hin, / mehr nicht! Setz dich einfach hin / wie Maria. SEINE Füße werden deinen Sitzplatz / schon finden."[5]


## Aus der Mitte leben

Was kann diese Deutung für die Frage nach Hören und Tun, Beten und Wirken, Aktivität und Betrachtung abgeben – geben? Sind es nicht die Einladungen: Lebe aus der Mitte. Lebe aus dem Willen des Herrn. Lebe in innerer Einheit. Tue, was du tust. Wenn du zuhörst, dann höre, und hab nicht ein schlechtes Gewissen, du müßtest jetzt etwas anderes tun. Wenn du betest, dann bete. Wenn du begegnest, dann begegne. Wenn du arbeitest, dann arbeite. Wenn du glaubst, studieren zu müssen, dann studiere, ohne zu meinen, du müßtest jetzt aber eigentlich beten.

Anders gesagt: Entscheidend sind innere Grundhaltungen und Begegnungsweisen wie Hören, Offensein, Freisein, Geduld, Demut, Verzichtfähigkeit. Wie sich das dann konkret zeigt, ist demgegenüber zweitrangig. Was nützt das Zuhören der Maria, wenn es Ausflucht vor dem Tun und Bequemlichkeit ist? Und umgekehrt, was nützt die Freundlichkeit und Fürsorge der Marta, wenn sie im Grunde aggressiv und zerrissen ist? Was nützt ein apostolisches tun, wenn es Ausdruck von Hektik und Wichtigtuerei ist? Was nützt ein Beten, wenn es bloß Träumerei und introvertierte Selbstbespiegelung ist? – Eines nur ist notwendig: aus dem Einen heraus hörend und handelnd zu leben. In Einheit mit dem Einen sein in allem und vor allem: „Suchet zuerst das Reich Gottes, und alles andere wird euch dazugegeben." (vgl. Mt 6,33)


[5] Heribert Arens, Gott, du bist so menschlich. München 1982, 83f.

## Aus der Ferne lieben

Der Übergang vom Wort „Aus der Mitte leben" auf die Über-
schrift „Aus der Ferne lieben" mag fremd klingen. Und doch
gehört beides zusammen. In welchem Sinne? – Eine mögliche
Antwort können wir mit Hilfe der Frage gewinnen: Was tut
Marta eigentlich so weh? Welcher Schmerz ist es, der sich dann
in eine so massive Aggressivität umsetzt? – Sie fühlt sich im
Stich gelassen! Und das sagt sie ja auch: „Herr, kümmert es dich
nicht, daß meine Schwester die ganze Arbeit mir überläßt?!"
Ausgedeutscht will dies sagen: Du hast wohl gar kein Auge für
mich? Du siehst nur deine andächtig lauschenden Zuhörer! An
mich denkst du wohl gar nicht?! Du hast doch sonst immer so
einen aufmerksamen Blick für einen Zachäus auf einem Baum
und für die Witwe, die ein paar Pfennige in einen Opferkasten
wirft! Daß ich mich abplage, scheinst du gar nicht zu merken! –
Und wie gut würde mir das tun! Du weißt doch, wie sehr ich
mich auf dich freue. Du spürst doch, wie ich die wenigen Stunden, die du mal vorbeikommst, herbeisehne. Ich möchte dieses
Zusammensein doch ganz auskosten. Und jetzt kommt von dir
nichts. Nicht einmal die Frage, die wohltuende Aufmerksamkeit signalisieren würde: „Wo ist denn Marta?" Du läßt mich
ganz allein!
Wie sehr eine solche Situation ans Herz geht, an den menschlichen Lebensnerv, zeigt eine andere Stelle aus dem Evangelium.
Sie zeigt das gleiche Problem, obwohl sie äußerlich ganz anders
ist: die Stillung des Seesturmes, d.h. der Seesturm und der schla-
fende Jesus (vgl. Mk 4,35–41). Die Jünger sind wirklich in höchster Not. Sie wecken Jesus nicht leichtfertig. Das verbietet ihnen die Rücksicht ebenso wie ihr gesundes Selbstbewußtsein,
das schon manche Stürme überstanden hat. Nein, es ist wirklich Zeit für einen SOS-Ruf! Aber, und dies ist das Seltsame,
leicht zu Überlesende: Die Jünger rufen nicht einfach um Hilfe:
Herr, hilf uns! Wir wissen nicht mehr weiter! –, sondern sie über-
schreien den Sturm mit den Worten: „Herr, kümmert es dich
nicht, daß wir zugrunde gehen?!" (Mk 4,38) Was spielt sich da

ab, daß die Jünger noch in der höchsten Bedrohung Zeit finden, zuerst einen massiven Vorwurf loszuwerden: Warum läßt du uns im Stich? Macht dir denn unsere Angst und Not gar nichts aus? Du mußt ja gar nicht mitrudern, aber wenn du dich wenigstens mit-ängstigen würdest. Du aber, du schläfst! Und dein sprichwörtliches Mitleid ist durch den Schlaf wohl außer Kraft gesetzt?! – Und das Kissen! Ja, er schläft auf einem Kissen. Und bis an das Ende der Zeit wird dieses Kissen erwähnt bleiben. In all ihrer Not und Wut haben sie das noch notiert. Wir am Untergehen – und er kuschelt sich aufs Kissen und träumt womöglich von munteren Lämmlein. „Herr, kümmert es dich denn gar nicht …?"

Das tut weh! Von dem, der einen liebt, von dem, den man liebt, sich verlassen zu fühlen. Wie furchtbar dies ist und wie weh es tut, das hat Jesus selber in seiner Ölbergstunde durchleiden müssen. Er geht und weckt seine schlafenden Freunde, seine Jünger. Kümmert es sie gar nicht? Er läßt es schließlich geschehen. Sie stillen die Stürme seiner Seele nicht. – Muß das so sein? Es scheint fast so. In einer anderen Seesturmszene heißt es, daß Jesus auf dem Berg sah, wie die Jünger sich mühten. Dann wird erzählt, daß er auf dem See wandelt und „tat, als wolle er vorbeigehen" – so wie er bei den Emmausjüngern „tat, als wolle er weitergehen" (Lk 24,28). Warum tut er so? Warum tut er das? Lassen wir die Frage unbeantwortet stehen. Es geschieht so. Indem es so geschieht, ist auch gefragt: War für Marta jene Stunde, mitten im alltäglichen Geschehen, eine Ölbergstunde gewesen? Sie mußte auf die spürbare Nähe Jesu verzichten, den sie so liebt und der sie so sehr liebt! Das war ihre „Kontemplation". Das ware sie wohl gewesen…

**Was in einer Freundschaft möglich ist**

Zur biblischen „Sache" von Marta und Maria, von Hören und Tun, ist einiges gesagt worden. Aber es gibt ja da nicht nur eine theologisch-spirituelle Sache, sondern Menschen, die miteinander befreundet sind. Und darauf wäre noch aufmerksam zu machen. Und da sehen wir: Was an Auseinandersetzung geschehen ist, geschah unter Freunden! Von Marta und Maria und Lazarus heißt es ausdrücklich, Jesus sei mit ihnen befreundet gewesen[6]. Als Lazarus sterbenskrank ist, schicken ihm die Schwestern die Nachricht: „Herr, dein Freund ist krank." (Joh 11,3) Und als Jesus um den toten Lazarus weint, sagen die Juden: „Seht, wie lieb er ihn hatte!" (Joh 11,36) Aber es war nicht nur eine „Männerfreundschaft" zwischen Jesus und Lazarus, sondern es heißt ausdrücklich: „Jesus liebte Marta, ihre Schwester und Lazarus." (Joh 11,5) – Wie tief muß die Freundschaft gewesen sein, daß sie eine solche Auseinandersetzung bestand! Und wie zeigt sich darin, daß ein solch offenes Begegnen ein Freundschaftsdienst sein kann. Jesus hat seine Freunde nicht geschont – sie ihn schon gar nicht. Wieviel gegenseitiges Anfragen gibt es da: „Was soll aus Nazaret schon Gutes kommen?" – „Versteht ihr immer noch nicht?" – „Worüber habt ihr unterwegs miteinander geredet?" – „Freut euch nicht darüber, daß ihr Macht über die bösen Geister habt, sondern darüber, daß eure Namen im Buch des Lebens verzeichnet sind." – „Herr, diese Worte sind hart!" – „Wollt auch ihr gehen?" „Herr, dies soll niemals geschehen!" – „Geh weg, Satan!" – „Frau, was haben wir miteinander zu tun?"...

Was für Worte! Wenn man den Klang nicht im Ohr hätte, wenn man nicht wüßte, wie die Beziehung weitergeht, dann könnten dies alles bittere Worte in einer Beziehung sein, die in die Brüche geht. Aber so ist es nicht. Es geschieht Konfrontation – d.h. wörtlich: Begegnung von Stirn zu Stirn, von Angesicht zu Angesicht –, in der die Freundschaft wächst. „Nicht mehr Knechte nenne ich euch, sondern Freunde, weil ich euch alles geoffenbart habe, was mit der Vater mitgeteilt hat." (vgl. Joh 15,15) Zu diesen Offenbarungen gehört auch, daß die Wahrheit von der Zerrissenheit des eigenen Herzens sich zeigen darf.

---

[6] Vgl. Jacob Kremer, Die Lazarusgeschichte. Ein Beispiel urchristlicher Verkündigung. In: Geist und Leben 58 (1985) 244–258.

Marta scheint eine heilsame Lehre aus dem Vorfall gezogen zu haben. Als Jesus schließlich, scheinbar verspätet, auf die Nachricht von der Krankheit des Lazarus hin nach Betanien kommt, bleibt Marta nicht mehr in der Küche. „Als Marta hörte, daß Jesus komme, ging sie ihm entgegen, Maria aber blieb im Haus." (Joh 11,20) Nein, das soll ihr nicht nochmals passieren, daß sie eigentlich gern bei Jesus wäre, aber unter der Knute irgendeines Hausfrauen-Überichs die Kochtöpfe traktiert. Und die Weise, wie sie Maria begegnet, ist auch anders geworden: „Nach diesen Worten ging sie weg, rief heimlich ihre Schwester Maria und sagte zu ihr: Der Meister ist da und läßt dich rufen. Als Maria das hörte, stand sie sofort auf und ging zu ihm." (Joh 11,28f) – Es scheint fast, als habe Johannes seinen Lukas gut gelesen und auf feinsinnige, fast humorvolle und leicht überlesbare Weise einen Kommentar zu dem früheren Geschehen im Hause in Betanien geliefert. Und so gerät die Stelle zu einer Offenbarung von Freundschaft und zu einer Offenbarung Jesu Christi; und Marta spricht im Heiligen Geist und aus der Tiefe ihres Herzens die Worte: „Ja, Herr, ich glaube, daß du der Messias bist, der Sohn Gottes, der in die Welt kommen soll." (Joh 11,27)

# Leichte Last

## Der die Beladenen zu sich ruft

Gleich zwei von sieben Teilen überschreibt Milan Kundera in seinem Erfolgsroman „Die unerträgliche Leichtigkeit des Seins" mit der Zeile „Das Leichte und das Schwere". Auf den ersten Seiten reflektiert er: „Was soll man also wählen? Das Schwere oder das Leichte? ... Parmenides antwortete: das Leichte ist positiv, das Schwere ist negativ. Hatte er recht oder nicht? Das ist die Frage. Sicher ist nur eines: der Gegensatz von leicht und schwer ist der geheimnisvollste und vieldeutigste aller Gegensätze".[1]

Ist „Die unerträgliche Leichtigkeit des Seins" nur ein Erfolgstitel, ein provozierendes Wortspiel oder mehr? Biblisch gesehen spielt jedenfalls Jesus selber mit den Worten von leicht und schwer, wenn er die Mühseligen und Beladenen zu sich lockt mit der Verheißung einer „leichten Last".

## Meine Last ist leicht

Es gibt Lasten, die erdrücken, und es scheint auch eine „unerträgliche Leichtigkeit" zu geben. Für Jesus gibt es, so bei Matthäus aufgeschrieben, eine leichte Last. Wo ist diese leichte Last zu finden? Es ist *seine* Last, von der sagt: „Meine Last ist leicht." Ja, er lädt geradezu ein, von ihm das Geheimnis der leichten Last zu lernen:

„Kommt alle zu mir, die ihr euch plagt und schwere Lasten zu tragen habt. Ich werde euch Ruhe verschaffen. Nehmt mein Joch auf euch und lernt von mir; denn ich bin gütig und von Herzen

---

[1] M. Kundera, Die unerträgliche Leichtigkeit des Seins. Frankfurt 1995, 9.

demütig; so werdet ihr Ruhe finden für eure Seele. Denn mein Joch drückt nicht, und meine Last ist leicht." (Mt 11,28–30)

Die leichte Last hat Teil an der Paradoxie der Seligpreisungen. Nach diesen gibt es eine Armut, die reich macht; eine Trauer, aus der Trost erwächst; einen Hunger, der Sättigung gibt – und eine Last, die leicht ist und Leichtigkeit schenkt.

Jesus scheint um die Schwerlastigkeit menschlichen Daseins zu wissen. Er weiß um die Lasten, die jemand sich selber auferlegt. Dies ist in dem Wort „sich plagen" gesagt. Hier schwingt die Vorstellung mit, daß Menschen sich selbst mit etwas zwanghaft herumquälen, „sich plagen". Und der Text spricht von den Lasten, die einem einfach von außen her aufgebürdet werden.

Jesus redet nicht davon, daß den Menschen diese Lasten einfachhin abgenommen werden. Jesus verspricht nicht ein schwereloses Dasein. Er spricht von einer leichten Last. Beim Bericht von der Himmelfahrt noch scheinen die Jünger diese Lektion lernen zu müssen.

„Als er das gesagt hatte, wurde er vor ihren Augen emporgehoben, und eine Wolke nahm ihn auf und entzog ihn ihren Blikken. Während sie unverwandt ihm nach zum Himmel emporschauten, standen plötzlich zwei Männer in weißen Gewändern bei ihnen und sagten: Ihr Männer von Galiläa, was steht ihr da und schaut zum Himmel empor?" (Apg 1,9–11)

Es bedarf einer eigenen Weisung, welche die Jünger „auf den Boden der Tatsachen" verweist: auf das Leben in Jerusalem, in der Stadt, in Galiläa, auf dem See. Mit Christus ist der Himmel „auf die Welt gekommen", die Erdenlast ist leicht geworden. So jedenfalls sagt das Evangelium. Die Lebenslast ist leicht geworden, weil sie mit Christus zusammen getragen werden kann.

Es gibt alltägliche und sonntägliche Erfahrungen, die etwas von der Möglichkeit, der Wahrheit, der Wirklichkeit leichter Last erahnen lassen. Die Erinnerung an den vielleicht glücklichsten Augenblick in einer Freundschaft mit einem Schulkameraden, der später in den Bergen umkam, ist für mich verbunden mit dem Ziehen einer Last: Die Kette an seinem Fahrrad war gebrochen und so fuhren wir 20 Kilometer heimwärts, einen Arm über die Schulter des andern gelegt, während jeweils einer in die funktionierenden Pedale trat. Das war das Erleben einer leichten Last, und ein Joch, eine Verbundenheit, die nicht drückte, sondern Band und Bund der Freundschaft war.

Das Wort von der leichten Last hat seinen Ort im Evangelium von Matthäus. Aber dem einmal auf die Spur gekommen, läßt sich die „frohe Botschaft der Schwerkraft" in vielen Texten verstreut in der ganzen Bibel finden.


## Nach Zahl, Maß und Gewicht ...

Gemeinhin wird „unsere Zeit" im Gegensatz zum Welt- und Schöpfungsverständnis „der Alten" durch das naturwissenschaftliche Verstehen der Wirklichkeit gekennzeichnet. Diese Charakterisierung ist zutreffend, aber doch auch zu einfach. Auch das Buch der Weisheit bringt das Schöpfungshandeln Gottes in gewissem Sinn schon auf den naturwissenschaftlichen Begriff: „Du hast alles nach Maß, Zahl und Gewicht geordnet." (Weish 11,20) Gott als Schöpfer der Erde, der Welt, des Universums, des Kosmos sah seinen eigenen Schöpfungsgedanken, seine spielerische Weisheit am Werk, „als er dem Wind sein Gewicht schuf" (Ijob 28,25). Gewicht, Schwere, ist für Israels Weisheitslehrer, Theologen und Fromme ein zentrales Wort, das weit mehr besagt als eine bloße Maßeinheit. Gewicht bedeutet die Größe und das Wesen der Schöpfung und zugleich die Heiligkeit, Herrlichkeit, Größe und Macht Gottes. Die Schwerkraft mit den zentrifugalen und zentripedalen Bewegungen hält die Welt in wuchtigem Schwung zusammen und in Bewegung.

Schwere, Gewicht ist Urbild für Gottes Wesen. Kabod, das Wort für Herrlichkeit, so lautet die Auskunft des biblischen Lexikons, kommt von „schwer sein und bedeutet: was schwer, gewichtig macht, imponiert. Ansehen verleiht, wie Reichtum oder Macht". Die Schöpfung ist gewaltig, ist „eine Wucht". Das Aufleuchten der göttlichen Herrlichkeit in ihr bringt den Menschen dazu, den Ursprung dieser Herrlichkeit zu loben, zu preisen, zu ehren. Wann immer ein Mensch ins Staunen gerät, vielleicht sprachlos ist vor Staunen, da erfährt er etwas vom „Gewicht", von der „Wucht" der Schöpfung: im Blick in die unermeßlichen Weiten des Weltalls; im unfaßbaren inneren Trost, den ein Ignatius von Loyola beim Aufschauen zu den Sternen immer wieder erfährt; im Staunen über Bergmassive und Gipfel; im Schauen der Augen auf alle Herrlichkeiten der Schöpfung – die unsichtbare atomare Welt und die Kristalle, die Moose und Farne, die Blumen und alles, was sich regt und bewegt, und schließlich der Mensch selber.

„Herr, unser Herrscher, wie gewaltig ist dein Name auf der ganzen Erde;
über den Himmel breitest du deine Hoheit aus …
Seh' ich den Himmel, das Werk deiner Finger,
Mond und Sterne, die du befestigt:
Was ist der Mensch, daß du an ihn denkst,
des Menschen Kind, daß du dich seiner annimmst?
Du hast ihn nur wenig geringer gemacht als Gott,
hast ihn mit Herrlichkeit und Ehre gekrönt." (Ps 8,2–6)

Der Mensch – ausgespannt zwischen der Unendlichkeit und dem Nichts – was ist der Mensch? – „Nur wenig geringer als Gott". Welche Höhe und Tiefe des alttestamentlichen Selbstbewußtseins drückt sich in diesen Worten aus! In dem Maße, in dem ein Mensch in dieser Wahrheit lebt, ist er erlöst von Größenwahn und von Minderwertigkeitskomplexen.
Was ist der Mensch? Was ist die ganze Welt? – Bei Jesaja heißt es: „Die ganze Welt ist ja vor dir wie ein Stäubchen auf der Waage" (Jes 40,15), wie ein „Tropfen am Eimer". Ist diese Welt nicht wie ein Nichts? – Welche überraschende Auskunft gibt da Ignatius von Loyola, der in einer gewaltigen Zusammenschau am Cardonerfluß Gottes Welt und Schöpfung und ihren inneren Plan und Sinn schaute? Er gibt eine erstaunliche Auskunft in der „Betrachtung zur Erlangung der Liebe" in seinem Exerzitienbuch:
„Erwägen, wie Gott sich in allen geschaffenen Dingen auf dem

Angesicht der Erde für mich müht und arbeitet, das heißt, sich in der Weise eines Arbeitenden verhält, wie in den Himmeln, Elementen, Pflanzen, Früchten, Herden usw., indem er Sein gibt, erhält, belebt und wahrnehmen macht usw." (EB 236)

Vielleicht fast ein wenig theologisch bedenklich: Ein Gott, dem die Welt Mühe macht, der für den Menschen arbeitet, dessen Schöpfung seine Werkstatt ist und der so an dem Bauhandwerker Josef und den „Sohn des Zimmermanns" erinnert.

Die Welt hat Schwere, hat Gewicht, und wer mit ihr umgeht, spürt diese Schwere, bekommt Schwielen an die Hände und muß immer wieder den Schweiß von der Stirne wischen. Das ist Leben. Auch das ist Leben, und sicher ist nicht nur Leben der Hauch der Zigarettenreklame, der verspricht, daß das Welterlebnis sich in Leichtigkeit und blauen Rauch auflöst: That's life! – What's life?

Leben, das ist die Suche nach dem Gleichgewicht. Leben, das ist Tanz, ist Schwung schwebender Schwere. Leben, das ist Wuchten von Gewichten. Leben ist das Verdienen des täglichen Brotes im „Schweiße des Angesichtes" (Gen 3,29) – Manchesmal bedarf dieses Leben der Erinnerung: „Vergessen Sie nie, das Leben ist eine Herrlichkeit." (R.M. Rilke)


## Das Tun unter der Sonne lastete auf mir

Was man von Kohelet, dem alttestamentlichen Weisheitslehrer, der oft als Skeptiker gesehen wird, weiß, ist der immer wieder wiederholte Ausspruch, daß alles Lufthauch, Gespinst, Eitelkeit, Wind sei. Alles was schwer und gewichtig, groß und stark, eindrucksvoll und imponierend ist – ist alles nichtig. Wissen und Können, Tun und Lassen, Glück und Freude, Besitz und Ansehen – „das alles ist Windhauch und Luftgespinst." (Koh 1,14) Was nicht bedeutet, Kohelet sei alles leicht gefallen. Gerade die Erfahrung der Nichtigkeit und Hinfälligkeit lastet auf ihm: „Denn das Tun, das unter der Sonne getan wurde, lastete auf mir als etwas Schlimmes." (Koh 2,17 vgl. 6,1)

Last ist ein Urwort für alles Schlimme. Last ist oft auch Belastung. Schwere bringt Beschwernis, Beschwerden, Schwierigkeiten. In der Welt des Kohelet ist dies noch deutlicher als in unserer Welt der Gabelstapler, Hochkräne, Hochseetanker und Lastwagen. Der Mensch im Altertum war immer beschäftigt mit Tragen: Brennholz und Wasser, Früchte und Werkzeug. Vor allem der Sklave war fast identisch mit dem Lastenträger. Wie konnten die Paläste der Reichen gebaut werden? Von Salomo heißt es, daß er 70.000 Lastenträger im Gebirge hatte (1 Kön 5,29). Was mußten die Israeliten alles tragen, schleppen, wuchten, zerren, keuchen im Land der Pyramiden?

Last ist vom ersten bis zum letzten Buch der Bibel ein Urwort für die Beschwerlichkeit menschlichen Lebens: „So ist verflucht der Ackerboden deinetwegen. Unter Mühsal wirst du von ihm essen, alle Tage deines Lebens." (Gen 3,17) Alles kann zur Last, zur Belastung werden: Last ist die „Hungersnot, die schwer auf dem Land lastete" (Gen 12,10). Last ist die Verantwortung, die Mose „mit dem ganzen Volk auferlegt" wird (vgl. Num 11,11). Last sind die feindlichen Heere, die „das ganze Land auffressen; weder die hohen Bergen noch die Täler und Hügel werden ihre Last tragen können." (Jdt 7,4) Last sind die Menschen, die einander zur Last fallen. Und Ijob fragt Gott: „Bin ich dir denn zur Last geworden?" (Ijob 7,20).

Es scheint, daß vor allem die Schuld als Last erfahren wird – die Schuldenlast: „Unsere Vergehen und Sünden lasten auf uns, wir siechen ihretwegen dahin." (Es 33,10) – Und Jahwe spricht zu seinem Volk: „Denn dich erdrückt dein Verbrechen gegen den Libanonwald, und die Vernichtung des Großwilds lastet auf dir." (Hab 2,17) Der Psalmist drückt seine Sündenerfahrung mit den Worten aus: „Meine Sünden schlagen mir über dem Kopf zusammen, sie erdrücken mich wie eine schwere Last." (Ps 38,5) Für die Belastungen des Lebens gebraucht der Mensch unserer Tage nicht besonders häufig das Wort „Sünde". Von Lebenslast, von Schuldenlast dagegen sind viele gedrückt. Ganz wörtlich und finanziell verstanden: Millionen Menschen sind unerträglich verschuldet, verlockt durch unseriöse Kreditangebote und getrieben von süchtiger Konsumabhängigkeit. Ganze Völker können nur noch menschenwürdig leben, wenn eine internationale Entschuldung gewährt wird. Darin lag ein Sinn des alttestamentlichen Jobeljahres, daß Entlastung von Schulden gewährt wird, – Papst Johannes Paul II. Hat dringlich angeregt, daß die Kirche auf den Feiertag des Jahres 2000 hin sich für eine solche weltweite Entschuldung stark macht.

Sicher liegt eine Erfahrung von Schwere auch in dem häufig gebrauchten Wort der Depression. Ihr Druck kann schon in der leichten depressiven Verstimmtheit erfahren werden. Auf schreckliche Weise erfahren Menschen die dunkle Last, wenn sie von einer wirklichen Depression heimgesucht sind. Ihnen wird das ganze Leben zu einer einzigen Last. Wer sein Leben wegwirft, der glaubt wohl, daß ihm seine Lebenslast, ja sein Leben zu schwer geworden ist. Leben kann „unerträglich" werden.

Schwer lastet auf Menschen nicht nur seelische Krankheit, sondern auch Schuld. Begangene Schuld. Nicht eingestandene Schuld. Die Last der uneingestandenen Wirklichkeit, die man jahrelang, jahrzehntelang mit sich allein herumschleppt. Dem entspricht es, wenn Petrus in einer seiner pfingstlichen Predigten verkündet, daß der Herr die Sünde vergeben hat und „Zeiten des Aufatmens kommen läßt" (Apg 3,20). Wer Schuld eingesteht und sich vergeben lassen kann, der atmet auf, der weitet sich, dem wird „leicht ums Herz".


**Ich werde Euch schleppen und retten!**

Der Mensch trägt schwer an anderen und an sich. Er trägt oft die Last der Vergangenheit mit sich herum. Er bürdet sich selber Lasten auf. Er erdrückt andere durch die Last, die er selber ist und mit der er andere knechtet.

In den griechischen Sagen gibt es zwei Lastenträger, die von der menschlichen Maßlosigkeit und Strafe der Götter erzählen. Der Riese Atlas trägt die ganze Welt auf seinen Schultern und versteinert durch den Spruch der Götter zu einem Gebirge, dem Atlas-Gebirge. Sisyphus muß in der Unterwelt zur Strafe für sein lasterhaftes Leben einen gewaltigen Stein zu einem Gipfel hochwälzen, der dann immer wieder in die Tiefe rollt. Geschichten, in denen sich menschliches Urwissen um die Konsequenz menschlicher Vermessenheit zeigt.

Man kann zu diesen alten Sagen gut das Psychologenwort vom „Gotteskomplex" (H.E. Richter) assoziieren. Gemeint ist damit die neuzeitliche Selbstverpflichtung und Selbstüberheblichkeit des Menschen, der Gott abgeschafft hat und nun glaubt, selber Gott sein zu müssen, selbst alles verantworten, erreichen und tragen zu sollen. Auch die ganze Schuld, wenn all die Ansprüche, Ideale, Utopien, Visionen der Menschen nciht eingelöst werden.

Ein selten gelesener Text aus dem Propheten Jesaja weiß sehr genau um diese Selbstüberlastung des Menschen, der sich und die andern erdrückt:

„Bel bricht zusammen, Nebo krümmt sich am Boden. Babels Götter werden auf Tiere geladen. Eine Last seid ihr, eine aufgebürdete Last für das ermüdete Vieh. Die Tiere krümmen sich und brechen zusammen, sie können die Lasten nicht retten; sie müssen selbst mit in die Gefangenschaft ziehen.

Hört auf mich, ihr vom Haus Jakob, und ihr alle, die vom Haus Israel noch übrig sind, die mir aufgebürdet sind vom Mutterleib an, die von mir getragen wurden, seit sie den Schoß ihrer Mutter verließen.

Ich bleibe derselbe, so alt ihr auch werdet, bis ihr grau werdet, will ich euch tragen. Ich habe es getan und ich werde euch weiterhin tragen, ich werde euch schleppen und retten.

Mit wem wollt ihr mich vergleichen, neben wen mich stellen ... ich bin Gott und sonst niemand, ich bin Gott und niemand ist wie ich." (Jes 46, 1–5.9)

Auf dem Hintergrund dieses Textes gesehen, wäre Erlösung, Gott Gott sein zu lassen. Befreiung heißt, sich die Welt von den Schultern nehmen zu lassen. Nciht in dem Sinne, daß der Mensch nicht mitzutragen und mitzuverantworten hätte. Aber eben nicht so, daß er sich selber bzw. die Welt zum Götzen macht. Erlösung ist Getragensein. Nicht selten drücken Menschen in meditativen Gebetserfahrungen ihre Berührung mit Gott, ihre Befreiung als „Getragensein" aus. Sicher gibt es auch die „unerträgliche Leichtigkeit des Seins", jene Bodenlosigkeit, jenes leere Verschweben, jenen Verlust an spezifischem Gewicht, jene Aufgeblasenheit und Verblasenheit, die eine Verfallsform menschlichen Daseins ist. Vielleicht ist sie sogar für manche Menschen und Zivilisationformen die vorrangige Erscheinungsform der Verzweiflung. Aber ob diese Suche und Sucht nach Leichtigkeit – nach einer Zigarettenrauch-Welt – nicht aus einer verdrängten Erfahrung zutiefst verspürter Last und Überlastung kommt?

## Und rühren selber keinen Finger

Das ist genau betrachtet: Die Hände, die Bündel zusammenschnüren; die Arme, die schwere Lasten aufbürden und der Finger, der sich nicht rührt – „Sie schnüren schwere Lasten zusammen und legen sie den Menschen auf die Schultern, wollen selber aber keinen Finger rühren, um die Lasten zu tragen." (Mt 23,4) Mit diesem kraftvollen Mahnwort eröffnet Jesus die Wehrufe gegen die „Schriftgelehrten, Pharisäer und Heuchler" bzw. gegen alle die, die solches tun: Andern Lasten aufbürden und selber keinen Finger zu rühren. Weniger kann man wirklich nicht tun, als nicht einmal einen Finger zu rühren. Dies ist so anschaulich und einleuchtend formuliert, daß sich dieses biblische Wort noch in unserem alltäglichen Sprachgebrauch gehalten hat. Sicherlich ein Wort, das sich zunächst an all die richtet, die kraft Amtes, kraft Position, kraft Rolle und Aufgabe besonders befugt sind oder sich für besonders befugt halten, andern etwas aufzubürden, aufzutragen, vorzuschreiben, zu verbieten oder zu befehlen. „Trag du den Rucksack, dann trag' ich die Verantwortung" – dies ist die humorvolle Variante und Formulierung bei der Lastenverteilung bei einer Bergtour. Da sind sich die

Beteiligten über die Rollenverteilung einig und es ist klar, daß der „Verantwortungsträger" nach der nächsten Pause dann auch zur Abwechslung selber den Rucksack zu tragen hat. Weniger humorvoll ist es, wenn jemand in der Berufshierarchie endlich den Platz erreicht hat, an dem er mit seinen Fähigkeiten überfordert ist, und die Kollegen und Kolleginnen das ausbaden müssen. Weniger humorvoll ist es, wenn jemand Vorschriften erläßt, ohne eine Ahnung zu haben, was die Konsequenzen daraus in der konkreten Wirklichkeit bedeuten.

Wo bedeuten unsere eigenen Vorstellungen, Gesetze, Bräuche und Verfahrensweisen für andere nur Last? Und wo sind wir selber nicht bereit, auch nur einen Finger zu rühren, um andern die Bürden zu erleichtern und mitzutragen? –Die frohe Botschaft kann nur die Kraft ihrer Seligpreisungen entfalten, wenn wir auch bereit sind, den Schmerz der Wehrufe Jesu auszuhalten. Jesus zeigt nicht nur mit dem Finger auf andere, sondern er ist der Finger Gottes, der sich rührt. Er vertreibt mit dem Finger Gottes, als Finger Gottes, die damonischen Mächte, die den  Menschen gefesselt halten und niederdrücken.

## Voll Freude auf die Schultern ...

Jahrhunderte lang bevor christliche Kunst den Kreuz tragenden und den gekreuzigten Christus bildlich darzustellen wagte, wurde er als der Hirte dargestellt, der ein Lamm auf seinen Schultern heimträgt. Was selbst der heutige Stadtmensch, welcher der ländlichen Wirklichkeit entfremdet ist, noch ahnt, das wird noch eindrücklicher und dramatischer durch den Blick auf die konkrete Wirklichkeit eines Hirten. Philipp Keller, ein Bibelfreund und lange Jahre selber ein Schafzüchter und Hirte, bringt die Dramatik dieses Geschehens in einer Auslegung des Psalmes 23 zum Ausdruck. Eine der größten Sorgen eines Hirten ist, daß ein Schaf auf den Rücken fällt. Oft kommt es dann gar nicht mehr auf die eigenen Beine. Das Schicksal eines solchen Schafes, das sich von der Herde entfernt hat, ist schrecklich: Der

Durst und Hunger wird immer stärker, der Kreislauf kommt völlig durcheinander, die Gase in den Gedärmen blähen den Leib auf und alles Blöken, Zappeln, Drehen, und ohnmächtige Winden nützt oft nichts. Wenn ein besorgter Hirte vor sein Zelt tritt, dann schaut er zunächst zum Himmel auf, ob er irgendwo Geier kreisen sieht. Sie können ihm manchesmal anzeigen, ob irgendwo in der Gegend ein hilfloses Schaf liegt. Dann eilt der Hirte in die angegebene Richtung, um dem Raubvogel zuvorzukommen. Wenn er das Lamm gefunden hat, dann dreht er es um und stellt es vorsichtig mit den Händen um den Bauch haltend, auf die Beine, um auszuprobieren, ob es noch stehen kann. Wenn es einzuknicken droht, dann – „dann nimmt er es voll Freude auf die Schultern, und wenn er nach Hause kommt, ruft er seine Freunde und Nachbarn zusammen und sagt zu ihnen: Freut euch mit mir; ich habe mein Schaf wiedergefunden, das verloren war" (Lk 15,56).

Jahwe, der „Hirte Israels" und Christus, der Hirte Gottes, so erzählt das Evangelium, so erzählt er selber, „geht dem verlorenen Schaf nach bis er es findet!" (Lk 15,4) Wenn Christus etwas von Gott geoffenbart hat, dann dies, daß es die Freude des Himmels ist, wenn Verlorenes wiedergefunden wird: „Ich sage euch: Ebenso wird auch im Himmel mehr Freude herrschen über einen einzigen Sünder, der umkehrt, als über neunundneunzig Gerechte, die es nicht nötig haben umzukehren." (Lk 15,7)


**Er trug sein Kreuz und ging hinaus ...**

Mag das Hirtenbild mit dem geschulterten Lämmchen noch „liebliche" Gefühle erwecken, die Kreuzwegstationen mit dem dreimaligen Fall Jesu unter der Last des Kreuzes haben eine andere Botschaft. Schon wenn das Lämmchen ein ausgewachsenes Schaf ist, das schwer auf den Schultern lastet, klappt die Hirtenidylle nicht mehr so ganz. Noch mehr, wenn die grausamen und niederdrückenden Situationen des Lebens in den Blick geraten: Die Schuldenlast der Menschen, der Menschheit ist erdrückend. Wieviele, die leiden oder leiden machen, setzen ihrem Leben ein Ende, weil sie Schuld und Schulden nicht mehr ertragen können – die „unerträgliche Schwere des Seins".

Erschütternd und doch fast auch beseligend kommt die Last der Sünde und Lebensnot in der Steinplastik von Vézelay zum Ausdruck, in der Christus, der gute Hirte, Judas, der noch den Strick um den Hals trägt, auf seinen Schultern trägt; man hat den Eindruck – heimträgt. Fast ist es, als sei etwas Gelöstes im Gesicht des Getragenen. Wie es heißt, „durch seine Wunden sind wir heil", so kann auch gesagt werden: „Durch seine Belastung sind wir frei und leicht geworden."

Es ist nicht angemessen, die Last auf Jesu Schultern mit vielen Worten auszumalen. Paulus hat die Last, die auf Jesus liegt, mit den Worten ausgedrückt: „Er hat den, der keine Sünde kannte, für uns zur Sünde gemacht. Damit wir in ihm die Gerechtigkeit Gottes würden." (2 Kor 5,21) Dem Sündenbock wird alle Schuld aufgeladen. Und dann wird er hinausgejagt vor das Lager, in die Wüste. „Er trug sein Kreuz und ging hinaus", heißt es im „Johannesevangelium" (Joh 19,16). Das Kreuz, das sind nicht Holzbalken, das Kreuz, das ist der Mensch selber, das sind die Menschen, die sich das Leben zur Last, zur Hölle machen. In diesem Sinne heißt es, daß der „Mensch des Menschen Wolf" sei, homo homini lupus. – Der gute Hirte flieht nicht vor dem Wolf. Weil ihm an den Schafen liegt. Er gibt sein Leben für die Schafe (vgl. Joh 10,11–20). Und er gibt sein Leben für das Leben in den Tod im Blick auf die Freude: „Er hat angesichts der vor ihm liegenden Freude das Kreuz auf sich genommen …" (Hebr 12,2)

**Ihn zwangen sie, Jesus das Kreuz zu tragen**

Es ist seltsam: Nur bei Johannes steht, daß Jesus das Kreuz selber trug. Bei Matthäus heißt es: „Dann führten sie Jesus hinaus, um ihn zu kreuzigen. Auf dem Weg trafen sie einen Mann aus Zyrene namens Simon; ihn zwangen sie, Jesus das Kreuz zu tragen." (Mt 27,31–32) Ebenso schreiben Markus und Lukas.

Jesus und Simon sind ein Bild für „Kreuzesnachfolge". Lukas schreibt, daß die Soldaten Simon das Kreuz aufluden, „damit er es hinter Jesus hertrage" (Lk 23,26). Und er ist es auch, der formuliert: „Wer mein Jünger sein will, der verleugne sich selbst, nehme täglich sein Kreuz auf sich und folge mir nach." (Lk 9,23) Petrus, der, ehe der Hahn krähte, seinen Herrn dreimal verraten hatte – „Ich kenne diesen Menschen nicht!" –, hat ihn schon vorher verleugnet. Das war, als er Jesus zur Seite nahm und ihm Vorwürfe machte, als Jesus auf dem Weg in Richtung Jerusalem von seinem Leiden und seinem Kreuz sprach. Die Eindeutigkeit, mit der Jesus den Ort der Auseinandersetzung zu einem Scheideweg, zur Wegkreuzung machte, ist nicht zu übertreffen: „Geh weg Satan …" (Mt 16,23) Damit ist gesagt: Unsere Lebenswege werden durchkreuzt, immer wieder, und an diesem Wegkreuzungen entscheidet sich unser leben: Aus Berufsträumen reißt die Arbeitslosenstatistik; ein Unfall mit bleibenden Folgen stellt eine unerwartete Lebenssituation her; ein schwerbehindertes Kind ist eine schwere Vorgabe für ein Familiennetz; eine lange Krise in einer Freundschaft, in einer Ehe, läßt kaum mehr Luft zum Atmen; mit dem „alten Glauben" und der Zugehörigkeit zur Kirche kann man im Abseits stehen und belächelt werden usw. Die Frage ist, ob damit der Weg zur Sackgasse geworden ist oder ob dadurch eine Weiterführung, Vertiefung, eine Teilnahme am Weg Jesu geschieht.

Romano Guardini berichtet in seinen autobiographischen Erinnerungen, unter welchem Druck, unter welcher Last der Depression, der Schwermut sein Leben stand. Dieser Druck addierte sich zusammen aus einem Erbe aus der Kindheit und aus dem Widerstand „einer ganz unausgelebten Natur gegen die notwendigen Entsagungen des Priesterstandes." Die Lösung bestand für Guardini nicht in einem Abschütteln, sondern darin, die Schwermut „ins Leben einordnen" zu können und seiner Berufung zu folgen. Seine Not löste sich – man darf wohl sagen wunderbarerweise – beim Beten des Rosenkranzes:

„Es war meine erste wirkliche Begegnung mit diesem Gebet, das mich später so viel beschäftigen sollte. Von jener Stunde an habe ich an meinem Priesterberuf nie mehr gezweifelt. Wohl ist die dunkle Flut der Schwermut immer unter meinem Leben hingegangen und mehr als einmal hochgestiegen; aber ich war mir darüber klar, daß ich zum Priester berufen sei und bin es bis auf den heutigen Tag geblieben."[2]

Aus dieser Erfahrung heraus konnte Guardini das Schwere in seinem Leben sehen als „Ballast, der dem Schiff seinen Tiefgang gibt."[3] Die Schwere nicht nur als Niederdrückendes, sondern als Chance: „Dazu gehört, daß man sie in einem innersten Sinne von Gott her annimmt und sie in Güte für den anderen Menschen umwandelt."[4]

Franz von Sales drückt einmal das Ja zur Last, zum Kreuz auf fast humorvolle Weise aus:

„Man hat niemals mit Sicherheit gewußt, aus welchem Holz das Kreuz unseres Herrn gemacht wurde; dies darum, glaube ich, damit wir alle Kreuze, die er uns schickt, in gleicher Weise lieben, aus welchem Holz sie auch geschaffen sein mögen, und damit wir nicht sagen können: dieses oder jenes Kreuz vermag ich nicht zu lieben, weil es nicht aus diesem oder jenem Holz ist … Die Kreuze, die wir anfertigen oder erfinden, sind uns immer ein wenig angenehmer, weil etwas von uns selbst darin ist, und darum kreuzigen sie weniger … Sie lieben das Kreuz: Was wollen Sie denn anders sein als gekreuzigt, da doch ‚die Liebe die Liebenden gleichmacht'?"[5]

„Sie lieben das Kreuz …" – eine vielleicht mißverständliche Formulierung, aber verständlich im Blick auf die große christliche Trägergestalt, Christopherus, d.h. den Christus-Träger. Die Legende erzählt, daß er zuletzt auf seinem Lebensweg seine ungestüme Kraft Menschen zu Verfügung stellt beim Tragen durch wilde Wasser. Einmal wird ihm dabei ein Kind so schwer wie die ganze Welt. Ob dies nicht doch für ihn eine „leichte Last der Liebe" war?

---

[2] R. Guardini, Berichte über mein Leben. Düsseldorf 1984, 77.
[3] R. Guardini, aaO., 77.
[4] R. Guardini, aaO., 77.
[5] Werke des Hl. Franz von Sales Bd. 5. Eichstätt 1963, 387 f.

# Entlaste dich!

Kreuzesnachfolge bedeutet weder ein tägliches Martyrium im äußeren Sinn, noch bedeutet es, sich jede Last aufzuladen „im Namen Jesu Christi". Eine Einladung zu einem Wochenende von Leuten, die in der Seelsorge hauptverantwortlich arbeiten, drückt dies geistvoll mit den Worten aus: „Wenn Ausgebrannte vom Feuer reden ...". Ja, was ist es, wenn Menschen andere begeistern wollen, vom Feuer des Heiligen Geistes reden – und selber innerlich ausgebrannt und völlig überlastet sind?! Da heutzutage vieles schnell mit medizinischen oder psychologischen Kennzeichen versehen wird, ist die Diagnose klar: Das „Burn-out-Syndrom", d.h. das Erscheinungsbild vom Ausgebranntsein.

Die Bezeichnung mag neu sein. Sie Sache ist vermutlich so alt wie die Welt, sicher wie das Alte Testament. Eine der köstlichsten und lebensnahesten Geschichten ist die Begegnung von Jitro, der seinen Schwiegersohn Mose in der Wüste besucht. Fast die ganze Nachte erzählt Mose von all den Schwierigkeiten und den Großtaten Gottes. Dann heißt es:

„Am folgenden Morgen setzte sich Mose, um für das Volk Recht zu sprechen. Die Leute mußten vor Mose vom Morgen bis zum Abend anstehen. Als der Schwiegervater des Mose sah, was er alles für das Volk zu tun hatte, sagte er: Was soll das, was du für das Volk tust? Warum sitzt du hier allein, und die vielen Leute müssen vom Morgen bis zum Abend anstehen? Mose antwortete seinem Schwiegervater: Die Leute kommen zu mir, um Gott zu befragen. Wenn sie einen Streitfall haben, kommen sie zu mir. Ich entscheide dann ihren Fall und teile ihnen die Gesetze und Weisungen Gottes mit.

Da sagte der Schwiegervater zu Mose: Es ist nicht richtig, wie du das machst. So richtest du dich selbst zugrunde und auch das Volk das bei dir ist. Das ist zu schwer für dich; allein kannst du es nicht bewältigen. Nun hör zu, ich will dir einen Rat geben und Gott wird mit dir sein. Vertritt du das Volk vor Gott! Bring ihre Rechtsfälle vor ihn, unterrichte sie in den Gesetzen und

Weisungen und lehre sie, wie sie leben und was sie tun sollen. Du aber sieh dich im ganzen Volk nach tüchtigen, gottesfürchtigen und zuverlässigen Männern um, die Bestechung ablehnen. Gib dem Volk Vorsteher für je tausend, hundert, fünfzig und zehn! Sie sollen dem Volk jederzeit als Richter zur Verfügung stehe. Alle wichtigen Fälle sollen sie vor dich bringen, die leichteren sollen sie selber entscheiden. Entlaste dich, und laß auch andere Verantwortung tragen! Wenn du das tust, sofern Gott zustimmt, bleibst du der Aufgabe gewachsen, und die Leute hier können alle zufrieden heimgehen." (Ex 18,13–23)

Da Mose „auf seinen Schwiegervater hörte und alles tat, was er vorschlug" (Ex 18,24), hat er sich vermutlich einen Herzinfarkt erspart und vielleicht auch etwas Zeit für seine Frau Zippora und seine beiden Söhne gefunden, die er zuvor zu seinem Schwiegervater zurückgeschickt hatte.

Jitro brachte die Sache auf den Punkt: „Entlaste dich, und laß auch andere Verantwortung tragen!" Man könnte fragen, was ist denn an dem Tragen von Verantwortung so schön? Warum haften wir manchesmal zum eigenen Nachteil und zum Schaden anderer so sehr daran? Ist es immer nur die von andern aufgebürdete Last, die wir „nur für die andern und mit Gottes Hilfe" tragen? Oder spielt nicht anderes mit: das Machtgefühl, das mit verantwortlichen Positionen oft verbunden ist und die geheimen Allmachtswünsche des „Potentaten in uns" befriedigt? Der „Gotteskomplex", von dem H.E. Richter spricht, wenn er schreibt, daß der abendländische Mensch mit der Abschaffung Gottes glaubt, sich die ganze Last der Weltverantwortung aufladen zu müssen. Das „Helfersyndrom", bei dem gar nicht der andere und seine wirklichen Bedürfnisse im Mittelpunkt stehen, sondern die eigene Suche nach Anerkennung und Helfermacht?

Oder gibt es auch ganz einfach Mißverständnisse, wo jemand meint, etwas hochhalten zu müssen, was er ruhig abstellen könnte? Liebenswürdig erzählt der vormalige Bischof von Osnabrück und jetzige Erzbischof von Hamburg, Ludwig Averkamp, eine diesbezügliche Geschichte. Bei einem seiner Gottesdienste gab es, wie üblich bei Bischofsmessen, einen Mitraträger und einen Stabträger. Der Stabträger, ein junger Ministrantenbub, hat es in seiner Unerfahrenheit dem Mitraträger gleichgetan: Wie dieser die Mitra, so hielt er den Bischofsstab hoch; nicht ganz so hochgereckt wie die Mitra, aber doch über dem Boden. Das ging eine Zeit lang ganz gut, wurde aber von Minute zu Minute schwieriger. Die Muskeln wurden krampfiger, das Gesicht gerötet und erste Schweißperlen wurden sichtbar. Schließlich ging's nicht mehr anders, er preßte den Stab gegen die Brust, um ihn hochhalten zu können. – Die „moralische Nutzanwendung" bzw. die pastoral-theologische Leitlinie für Bischof Averkamp lag nahe: Ich kann den Stab, das Amt, die Bürde der Verantwortung nicht allein hochhalten. Ich muß den Bischofsstab auf den Boden, das Fundament, die Basis, abstellen können. Auf das Fundament, das in erster Linie Christus selber ist, das aber auch von der Basis, dem Volk Gottes, gebildet wird. Nur so kann man die Last der Verantwortung tragen. – Was würde es Gemeinden entkrampfen – und Betriebe ebenfalls –, wenn die Chefs, die Bischöfe, die Pfarrer, all die verschiedenen Verantwortungsträger ihre Verantwortung mehr auf dem Fundament und der Basis abstellen könnten und würden? Ob das nur für Amtsträger und offizielle Verantwortliche gilt? Wohl nicht; jedenfalls erinnere ich mich, wie ich mich einmal wunderte, daß das Warten auf den Zug so schwerfiel, bis ich merkte, daß ich meinen Koffer gar nicht abgestellt hatte. Es ist fast tröstlich, dies gelegentlich auch bei anderen sehen zu dürfen.

**Einer trage des andern Last ...**

Die Geschichte wird gelegentlich in Predigten erzählt und soll auf ein Erlebnis des vor Jahrzehnten bekannten Schriftstellers Pater Peter Lippert SJ zurückgehen: Bei einem Spaziergang traf er ein junges Mädchen, vielleicht zehn Jahre alt, das einen kleinen Buben auf seinem Rücken trug. Anerkennend und ermutigend sagte er zu dem Mädchen: „Da trägst du aber eine schwere

Last!" Darauf das Mädchen: „Das ist keine Last, das ist mein Bruder!" – Eine schöne Geschichte und eine wahre dazu. Eine sonst nur drückende Last kann aus der inneren Beziehung heraus zu einem Ausdruck von Freundschaft werden. Freilich, als ich die Geschichte einmal in einer Predigt in der Innsbrucker Jesuitenkirche erzählte, kam nachher eine Frau auf mich zu und sagte: „Pater, die Geschichte ist ja ganz schön. Aber mein Bruder ist eine Last!" Dies ist wohl wahr und man muß es gelten lassen, daß auch eine Last, die man freundschaftlich, die man liebend trägt, eine Last bleibt. Eltern, die zu einem drogenabhängigen Kind halten, denen ist nicht die Last genommen. Kinder, die zu ihren „schwierigen Eltern" stehen, sich um sie kümmern, haben nicht einfach einen leichten Weg.

Die Geschichte und die Sache von der geschwisterlichen Last ist nicht nur eine Anekdote, sondern Grundgesetz christlichen Daseins: „Einer trage des andern Last; so werdet ihr das Gesetz Christi erfüllen." (Gal 6,2) Es gibt verschiedene „Kurzformeln des Glaubens." Dies ist eine der kürzesten und einfachsten und menschenfreundlichsten. Wenn man vor lauter theologischen Bäumen nicht mehr den Wald des Lebens in Christus sieht, dann kann ihm vielleicht dieses Wort Hilfe und Orientierung sein.

P. Franz Jalics SJ erzählt in einem seiner Bücher, wie er jahrelang theologische Fragen und Zweifel mit sich herumtrug und sie nicht losbekam. Bis ihm eines Tages bewußt wurde, „daß während ich ganz verschlossen in mich lebte, meine Zweifel sich verschärften. Eigentlich kam mir dieser Gedanke infolge eines ganz bedeutungslosen – man könnte sagen – trivialen Anlasse. Ich hätte an diesem Tag Teller abspülen sollen, was ich nicht getan hatte. Diese Unterlassung war an sich unbedeutend, aber ich erkannte plötzlich meine Gefühllosigkeit dem anderen gegenüber, der es an meiner Statt hatte tun müssen. Diese Wahrnehmung führte mich zur Erkenntnis der Parallele zwischen meinem Verhalten anderen gegenuber und der Intensität meiner Zweifel an Gott. Ich bemerkte, daß sich meine Zweifel verminderten, wenn ich dienstbereiter war und dadurch anderen gegenüber offener. Wenn dies richtig ist – sagte ich mir –, habe ich die Lösung gefunden, meine Zweifel zu beseitigen. Ich konnte den absoluten und unbestreitbaren Wert einer selbstlosen Einstellung nicht mehr in Frage stellen. Wenn eine positive Veränderung der Einstellung den Glauben verstärken konnte, dann war es unbestreitbar, daß dieser Glaube in der Wirklichkeit fest verwurzelt war. Das Ergebnis war bemerkenswert. Meine Zweifel waren völlig überwunden und seitdem hängt mein Glaube nicht mehr in der Luft, sondern stützt sich auf die Realität des Lebens."[6]

Daß Geschirrspülen nicht einfach ein unfehlbares Rezept für Glaubenszweifler ist, dürfte auch klar sein. Aber, daß der Glaube und das „Gesetz Jesu Christi" und Liebe untrennbar miteinander verbunden sind, ist Aussage von Paulus und ist Erfahrung vieler Christen auf dem Glaubensweg.


## Kleine Last – maßloses Übermaß

Was kann ein Durchgang durch die Heilsgeschichte mit dem Bildwort von der „Lastigkeit" des Daseins bringen? – Mehr Aufmerksamkeit auf manche überlesenen Schriftstellen? Entdeckungen und interessante Zusammenhänge? Einladungen zum Mittragen? Dies alles wohl auch. Für Paulus und die Menschen, die Jesu Wort von der „leichten Last" hörten, fast unendlich mehr. Jedenfalls nach dem Zeugnis von Paulus. Er, der viele Lasten getragen hat – und zeitweise auch selber andern lästig gefallen ist –, drückt dies in geradezu hymnischen Worten im zweiten Brief an die Korinther aus. Im Bewußtsein seiner eigenen Schwäche spricht er dort vom Glanz auf dem Antlitz Christi, vom Licht Gottes, das im Herzen seiner Knechte aufleuchtet, und vom „Gewicht der Herrlichkeit":

„Diesen Schatz tragen wir in zerbrechlichen Gefäßen; so wird deutlich, daß das Übermaß der Kraft von Gott und nicht von uns kommt. Von allen Seiten werden wir in die Enge getrieben

---

[6] F. Jalics, Lernen wir beten. München 1981, 25 f.

und finden doch noch Raum; wir wissen weder aus noch ein und verzweifeln dennoch nicht; wir werden gehetzt und sind doch nicht verlassen; wir werden niedergestreckt und doch nicht vernichtet. Wohin wir auch kommen, immer tragen wir das Todesleiden Jesu an unserem Leib, damit auch das Leben Jesu an unserem Leib sichtbar wird ... Alles tun wir euretwegen, damit immer mehr Menschen aufgrund der überreich gewordenen Gnade den Dank vervielfachen, Gott zur Ehre. Darum werden wir nicht müde; wenn auch unser äußerer Mensch aufgerieben wird, der innere wird Tag für Tag erneuert. Denn die kleine Last unserer gegenwärtigen Not schafft uns in maßlosem Übermaß ein ewiges Gewicht an Herrlichkeit." (2 Kor 4,7–10; 16–18)

# Wir möchten Jesus sehen!

## Glaubenserkenntnis, nicht Wissen

Im Johannesevangelium wird einmal erzählt, wie Jerusalem-Pilger aus Griechenland zu Philippus kommen und zu ihm sagen: „Herr, wir möchten Jesus sehen!" (Joh 12,21) – ist Jesus nicht auch für uns immer wieder verborgen, unsichtbar, unauffindbar? Wo ist Jesus? Wer ist Jesus? Eine Grundfrage des Glaubens. Eine fundamentale Frage auch im Dialog der Religionen. Eine Frage auch der Bibelauslegung: Wie wird Jesus in der Schrift gesehen – durchaus nicht einheitlich, wie eine genaue Lektüre zeigt!

Wer ist Jesus, das ist schließlich eine Frage auch im Munde Jesu selber: „Als Jesus in das Gebiet von Cäsarea Philippi kam, fragte er seine Jünger: Für wen halten die Leute den Menschensohn? Sie sagten: Die einen für Johannes den Täufer, andere für Elija, wieder andere für Jeremia oder sonst einen Propheten. Da sagte er zu ihnen: Ihr aber, für wen haltet ihr mich?" (Mt 16,13–15)

### Die Frage nach Jesus

Wann und wie stellt sich jemandem die Frage nach Jesus? Das ist wohl für jeden verschieden. Für manche stellt sich die Frage vielleicht überhaupt nicht, für manche im Religionsunterricht, in der Kirche, in der Pfarrgemeinde, beim Lesen der Bibel. Es kann sein, daß jemand bei einem Ferienjob von seinem mohammedanischen Arbeitskollegen gefragt wird, ob Jesus wirklich mehr als ein großer Prophet, ein Vorläufer von Mohammed gewesen sei. Es kann sein, daß jemand von den kritischen Fragen der Bibelauslegung her sich die Frage stellt, wer Jesus Christus wirklich ist. Es kann sein, daß jemand in einer leiblichen oder seelischen Not schreit: „Herr, hilf mir, sonst gehe ich unter!" Es kann sein, daß jemand, enttäuscht von manchen Gurus, denen er nachgelaufen ist, sich an den „Meister aus Nazareth" erinnert und neu oder erstmals eine Beziehung zu ihm sucht. Und es gibt gelegentlich Menschen, die Jesus nicht mal „einen guten Mann sein lassen", vielleicht im Sinne des Slogans „Jesus ja, Kirche nein", sondern die auch von ihm selber sehr viel Fragwürdiges ausgehen sehen, das es aufzudecken gilt.

Wann und wie Menschen Jesus begegnet sind, wie sie ihn gesehen, erlebt und geglaubt haben, das zeigt sich schon in der Bibel. Wer mit biblischen Bildern vertraut ist, dem sind verschiedene Begegnungen vor Augen: der Weg zweier Jünger zwischen Jerusalem und Emmaus zwischen Hoffnungslosigkeit und Sinnfindung mitten im Leid; der „Weg auf dem Wasser", wo jemand in Angst zu versinken scheint; der Weg, auf dem jemand getragen wird und an dessen Ende das Wort steht: „Deine Sünden sind dir vergeben, nimm Deine Bahre und geh!"; der Weg zwischen Jericho und Jerusalem, der an einem unter die Räuber Gefallenen vorbeiführt und zum Tun der Menschlichkeit herausfordert; der Weg, wo es nicht mehr erlaubt ist zurückzublikken, weil man den Pflug in die Hand genommen hat; der Weg auf den Berg Tabor, wo Jesus durchsichtig wird für sein wirkliches Sein und Wesen; der Weg in Richtung Leidensweg, auf dem Petrus versucht, Jesus vom Weg abzubringen; oder auch ein Weg, auf dem Menschen sich gesandt fühlen, das Evangelium Jesu Christi in alle Welt zu bringen. Viele Wege und Umwege gibt es. Auf welchen Wegen bin ich , sind wir?

Sind wir wie der Blinde, der zwar geheilt wird, aber gar nicht richtig weiß, wer ihn geheilt hat? Oder ist es uns geschenkt worden, was mir jemand in einem Brief einmal geschrieben hat: „Der heutige Tag ist deswegen erwähnenswert, weil es der Ausklang meiner Exerzitien ist. In mir macht heute ein Orchester Musik. Alles klingt und schwingt, dankt und tanzt. Staunen und Gloria wechseln sich ab. Und dazu schien die Sonne nach Tagen gräßlichen Wetters. Eigentlich würde ich lieber die Bäume umarmen und die Menschen, die Blätter streicheln und meine Hän-

de auf die Erde legen – aber ich habe nur Küsse auf die Sonnen-
strahlen gegeben. Du, freu' Dich mit mir, denn ich habe den
Herrn gesehen! Und es ist so traurig, sich allein zu freuen. Leiden kann man schon mal eher für sich, aber mit der Freude ist
es viel schwerer."

## Ein Name über allen Namen

Ein Name kann ein bloßes Kennzeichen für das Einwohnermeldeamt sein oder eine Unterdatei im Computer oder ein Name
unter tausend anderen Namen. Ein Name kann das Wesen eines Menschen oder von Dingen ausdrücken. Vor allem wenn
man an die Sprachwurzeln geht oder manche Bräuche von
Namensgebungen berücksichtigt, wird dies deutlich: Wenn jemand „Gottfried" genannt wird oder eine Indianerin oder eine
Japanerin „Erste Blume des Frühlings", dann zeigen sich Hoffnungen, die sich mit einem Menschen verbinden. Vor allem auch
bei den alttestamentlichen Namensgebungen zeigen sich oft
hintergründige Aussagen. Wohl nirgendwo so deutlich wie im
Gottesnamen Jahwe: „Ich-bin-der-Ich-bin-da". Jesus, so heißt
es in der Verkündigungsszene bei Matthäus, soll Immanuel heißen, d.h. „Gott-mit-uns".
Wenn jemand zu Lebzeiten einen Namen, einen Lieblingsnamen,
einen Spitznamen, einen Titel bekommt, dann drückt dies eine
persönliche Beziehung oder auch eine gesellschaftliche Stellung
und Beziehung aus. Was sind die Namen, die Jesus gegeben
wurden? Für ein biblisches Quiz wäre dies eine gute Frage und
die Wahrscheinlichkeit, daß zu niedrig geraten würde, ist sehr
groß: Ungefähr 150 Namen, Vergleiche und Bilder finden sich
auf den doch relativ wenigen Seiten des Neuen Testaments. Eine
ganze Fülle. Und jeder Name drückt etwas anderes, eine andere Beziehung, eine andere Farbe, eine andere Nuance aus. Es
sind Namen aus dem Alten Testament wie der „Messias" und
„Davids Sohn"; es sind Bilder und Vergleiche, die vielleicht in
einer Meditation sich erschließen wie „Licht", „lebendiges Was-

ser"; es sind Vergleiche aus dem gesellschaftlichen Leben wie „Sklave" und „Richter"; es sind theologische Kennzeichen wie „Erstgeborener der Schöpfung" oder „Paschalamm"; es sind Schimpfnamen wie „der Fresser und Säufer"; es sind letzte Anrufe und Aussagen wie „mein Herr und mein Gott". Hinter all diesen Namen stehen konkrete Begegnungen mit Jesus, Beziehungen auf der Glaubensebene, Erfahrungen aus Meditationen und Gebet. Es sind ganz private und intime Namensnennungen wie das „Rabbuni" der Maria von Magdala, es sind große theologische Aussagen wie „Haupt aller Fürsten und Gewalten". Hinter jedem dieser Namen, Titel und Bilder könnte man einen Zug im Antlitz Jesu erkennen bzw. eine geistlichen Erfahrung. „Brot des Lebens" sagt: Ich habe diesen Jesus als Nahrung für mein Leben erfahren. „Guter Hirte" kann heißen: Ich fühle mich von ihm aus irgendeinem Dornengestrüpp gezogen, in da ich mich verheddert habe. „Eckstein" kann für jemanden heißen: Er ist wie ein Stein, der das wackelige Gebäude meines Lebens zusammenhält. Und vielleicht fühlt sich jemand verstanden und getragen in der „schlechten Gesellschaft" mit Jesus, dem „Kumpan der Zöllner und Sünder"[1].

Vielleicht ist es eine Hilfe für Besinnung und Gebet, einmal alle Namen Jesu mit der entsprechenden Fundstelle zu nennen. Wenn man mit den Namen spielen wollte, könnte man sie viel-

---

[1] *Im Evangelium nach Matthäus:* Jesus Christus 1,1; Sohn Davids 1,1; Christus 1,16; Jesus 1,16.21; Kind 1,20; Immanuel 1,23; Fürst 2,6; Hirt Israels 2,6; Nazoräer 2,23; Herr 3,3; der kommen soll 3,11; Sohn des Vaters 3,17; Meister 8,19; Sohn Gottes 4,3; Arzt 9,12; Bräutigam 9,15; Anführer der Dämonen 9,34; Menschensohn 10,23; Beelzebul 12,24; Fresser 11,19; Säufer 11,19; Kumpan der Zöllner 11,19; Kumpan der Sünder 11,19; Tempel 12,6; Knecht 12,18; Geliebter 12,18, mehr als Jona 12,41; mehr als Salomo 12,42; Bruder 12,28; Sämann 13,3; Sohn des Zimmermanns 13,55, Prophet 13,57; Gespenst 14,26; Johannes der Täufer 16,14, Elija 16,14; Prophet 16,14; Messias 16,16; König 21,5; Stein 21,42; Eckstein 21,42; Geringster 25,25; Jesus aus Nazareth 26,71. *Bei Markus:* Gottes Sohn 1,1; dieser Mensch 2,7.
*Bei Lukas:* Erstgeborener Sohn 2,7; Retter 2,11; Heil 2,30; Licht der Heiden 2,32; Herrlichkeit Israels 2,32; der Heilige Gottes 4,34; Du? 7,20; dieser Mann 9,9; Richter-Schlichter 12,14; Verbrecher 22,34; Galiläer 23,6; er selbst 24,36.
*Johannes:* Logos/Wort 1,1; Gott 1,1; Licht der Menschen 1,4; Fleisch 1,14; der Einzige 1,18; Lamm Gottes 1,29; Erwählter Gottes 1,34; Sohn Josefs 1,45; Jude 4,9; Ich-bin-es 6,20; Brot des Lebens 6,35; Brot vom Himmel 6,41; ein Mensch

leicht auf 144 – als heilige Zahl – zurechtzählen und zusammenstellen. Mehr an Hilfe mag es sein, in den vielen Namen eine Jesus-Litanei zu finden. Vielleicht werden die Namen am hilfreichsten, wenn jeder als ein Zugang zu Jesus gesehen wird, den ein Mensch in seinem Begegnen, seinem Beten, seiner Betrachtung gefunden hat. – Wozu die Namen führen werden? Zum Fragen oder zum Anbeten wie bei den Magiern? Die Bibel sagt, daß der wahre Name Jesu nur „vom Himmel her" und „im Geist" gesagt und gefunden werden kann.

## Wer bin ich für Jesus?

Die Frage Jesu, wer er für uns sei, ist bekannt: „Ihr aber, wer sagt ihr, daß ich sei?" Wer seine Beziehung zu Jesus genauer zu erkennen und benennen sucht, für den kann es eine Hilfe sein, sich einmal zu fragen: Wer bin ich für Ihn? Wie begegne ich Ihm? Es kann hilfreich sein, sich diese Fragen auf dem Hintergrund biblischer Beziehungs-Szenen zu stellen:
Bin ich auf der Suche nach Ihm wie die Magier? Besorgt wie ein Josef? Bereit und fragend wie Maria? Durch „das Kind" in Angst um meine Machtposition getrieben wie Herodes? In Freude wie

---

7,46; Samariter 8,48; Sünder 9,25; Tür 10,7; guter Hirt 10,11; Besessener 10,21; Auferstehung 11,25; Leben 11,25; wahrer Weinstock 15,1; Gärtner 20,15; Herr und Gott 20,28.
*Apostelgeschichte:* Urheber des Lebens 3,16; der Gerechte 3,14; Knecht 4,27; Schaf 8,32; Herr aller 10,36.
*Römerbrief:* Erstgeborener von Brüdern 8,29; Stein des Anstoßes 9,32; Ende des Gesetzes 10,4; neues Gewand 13,14; Diener der Beschnittenen 15,8; Sproß aus der Wurzel Isai 15,12.
*Erster Korintherbrief:* Der Gekreuzigte 1,23; Torheit 1,23; Anstoß 1,23; Gottes Kraft 1,24; Gottes Weisheit 1,24; Grund/Fundament 3,11; Paschalamm 5,7; Fels, der mitzieht 10,4; Haupt 11,3; Leib/Kirche 12,27; Erster der Entschlafenen 15,20; Erster in Erscheinung 15,23; letzter Adam 15,45; lebendigmachender Geist 15,45.
*Zweiter Korintherbrief:* das Ja zu allem, was Gott verheißen hat 1,20; Geist 3,17; Spiegel 4,6; Sünde 5,21.
*Philipperbrief:* Sklave 2,7.
*Kolosserbrief:* Ebenbild 1,15; Erstgeborener der Toten 1,24; Kirche 1,24; Erstgeborener der Schöpfung 1,15; Hoffnung 1,27; Geheimnis 2,2; Grund/Funda-

Elisabeth? Hörend und schauend und kniend wie die Hirten? Bereit „abzunehmen", wie Johannes der Täufer? Wie ein Versucher, der sich Jesus dienstbar machen will? Bestürzt über die Vollmacht in seiner Lehre wie die Leute damals? Hoffend wie ein Kranker? Skeptisch wie Natanael? Bereit zur Nachfolge wie Levi? Voll Angst vor „dem Gespenst" wie die Jünger im Boot? Ungläubig, kleingläubig, immer noch zweifelnd wie die Jünger? Überfordert wie der reiche Jüngling? Auf eigen Ehre aus wie die Mutter der Zebedäussöhne? Unbekümmert zunächst und dann verärgert wie die Händler im Tempel? Verräterisch wie ein Judas? Großsprecherisch und feig wie ein Petrus? Einer der falschen Zeugen? Wie ein Josef von Arimathäa, der „heimlich" zu ihm hielt? Einer, der über ihn zu Gericht sitzt? Einer der Häscher? Einer, der ihn verspottet und anklagt wie die Soldaten? Oder ein Schreier: „Kreuzige ihn!" Einer, der zum Mittragen des Kreuzes genötigt wird wie Simon von Cyrene? Einer, der in der Ferne stehen bleibt – oder wie Maria und Johannes unterm Kreuz? Zweifelnd wie Thomas? Dem Getöteten verbunden wie die Frauen am Grab? Verwirrt und hoffnungslos wie die Emmausjünger? Liebend und zum Warten angehalten wie Maria von Magdala? Trunken vom Geist Jesu wie die Jünger an Pfingsten? In den Himmel „verschaut" und auf die Erde ver-

ment 2,7; Haupt aller Fürsten und Gewalten 2,10; die Wirklichkeit/der Leib 2,17; alles 3,11.
*Erster Thessalonicherbrief:* Sohn vom Himmel 1,10.
*Erster Timotheusbrief:* Lösegeld 2,6; Mittler 2,5; Zeugnis 2,6.
*Zweiter Timotheusbrief:* Richter 4,8.
*Hebräerbrief:* Erbe des Alls 1,2; Abglanz der Herrlichkeit 1,3; Bruder 2,11; Hoherpriester 2,17; Gesandter 3,1; mehr als Mose 3,3; Priester auf ewig 5,6; Vorläufer ins Innere 6,19; wahrer Melchisedek 7,1; Bürge eines besseren Bundes 7,22; Diener des Heiligtums 8,2; Urheber des Glaubens 12,2; Vollender des Glaubens 12,2; derselbe gestern heute und in Ewigkeit 13,8.
*Erster Petrusbrief:* Hirt und Bischof eurer Seele 2,25.
*Erster Johannesbrief:* Fürsprecher 2,1; Sühne 2,2.
*Offenbarung:* der ist und der war und der kommt 1,4; Zeuge 1,5; Alpha und Omega 1,8; der Erste und der Letzte und der Lebendige 1,17; der Heilige, der Wahrhaftige 3,7; der den Schlüssel Davids hat 3,7; der „Amen" heißt 3,14; der treue und zuverlässige Zeuge 3,14; Löwe aus Juda 5,5; Sproß aus Wurzel Davids 5,5; Wurzel und Stamm Davids 22,16; leuchtender Stern 22,16; Morgenstern 22,16.

wiesen wie die Jünger bei der Himmelfahrt? Gedrängt und getrieben wie ein Paulus vom Gesetzeseifer und von der Liebe Christi?

In welchen von diesen Beziehungen finde ich mich wieder? Wie steh ich zu ihm? Was für eine Beziehung und Gemeinschaft ist gewachsen durch die Überlieferung und die Begegnung im Geist mit ihm? Gilt oder gilt nicht, daß wir durch die Verkündigung und Gemeinschaft mit ihm gekommen sind, was Johannes in seinem ersten Brief schreibt: „Was von Anfang an war, was wir gehört haben, was wir mit unseren Augen gesehen, was wir geschaut und was unsere Hände angefaßt haben, das verkündigen wir: das Wort des Lebens. Denn das Leben wurde offenbart; wir haben gesehen und bezeugen und verkünden euch das ewige Leben, das beim Vater war und uns offenbar wurde. Was wir gesehen und gehört haben, das verkündigen wir auch euch, damit auch ihr Gemeinschaft mit uns habt. Wir aber haben Gemeinschaft mit dem Vater und mit seinem Sohn Jesus Christus. Wir schreiben dies, damit unsere Freude vollkommen ist." (1 Joh 1,1–3)


**Erkannt von Ihm**


Wie kamen Menschen dazu, Jesus zu sehen, eine Beziehung zu ihm zu gewinnen, ihn zu erkennen. Viele dadurch, daß sie sich von ihm erkannt fühlten. Es gibt eine ganze Reihe von Zeugnissen in der Schrift, die erkennen lassen, daß Menschen dadurch eine tiefe Beziehung zu Jesus gewannen und ihn „erkannten", daß sie sich im Innersten erkannt fühlten.

Eines der eindrucksvollsten Zeugnisse ist das Gespräch von Jesus mit der Frau am Jakobsbrunnen. „Jesus sagte zu der Frau: Geh, ruf deinen Mann und komm wieder her! Die Frau antwortete: Ich habe keinen Mann. Jesus sagte zu ihr: Du hast richtig gesagt, daß du keinen Mann hast. Denn du hast fünf Männer gehabt, und der, mit dem du jetzt lebst, ist nicht dein Mann. Mit diesem Wort hast du die Wahrheit gesagt! ... Die Frau ließ ihren

Wasserkrug stehen, eilte in den Ort und sagte zu den Leuten: Kommt, dort ist ein Mann, der mir alles gesagt hat, was ich getan habe. Ist er vielleicht der Messias?" (Joh 4,16–18.28–29) Auch ein Mann namens Natanael hat ein solches Erleben des Erkennens im Erkanntsein: „Jesus sah Natanael auf sich zukommen und sagte über ihn: Dort kommt ein echter Israelit, ein Mann ohne Trug. Natanael fragte ihn: Woher kennst du mich? Jesus antwortete ihm: Bevor dich Philippus rief, habe ich dich unter dem Feigenbaum gesehen. Natanael antwortete ihm: Rabbi, du bist der Sohn Gottes, du bist der König von Israel. Jesus antwortete ihm: Du glaubst, weil ich dir sagte, daß ich dich unter dem Feigenbaum sah?! Du wirst noch Größeres sehen!" (Joh 1,47–50) – Pikanterweise spricht Jesus so wohlwollend von und zu einem Mann, der vorher im Blick auf Jesus gesagt hatte: „Was kann aus Nazaret schon Gutes kommen?" Eine Ebene der Jesus-Erkenntnis scheint also die zu sein, wo Menschen zur Wahrheit ihrer selbst gelangen. Wo ein Mensch sich im Innersten erkannt und angenommen fühlt, dort geschieht ein „In-der-Wahrheit-sein". Dort ist jemand auf dem Jesus-Weg. Dort kann er ihm begegnen. Solches begegnen kann immer wieder etwa in Exerzitien geschehen, wenn jemand nochmals den Weg seiner Lebensgeschichte geht. Solches Begegnen kann auch in einem Gespräch geschehen, das von großem Vertrauen getragen ist. Erkennen im Erkanntsein.

**Befreit und wiedergefunden**

Man kann in der Bibel vieles überlesen, aber wohl nicht, daß Menschen dadurch Jesus nahekamen, ihn und Gottes Kraft und Liebe in ihm erkannten, weil er ihnen den Gott der Versöhnung offenbarte. Jesus-Geschichten sind oft Sündergeschichten. Geschichten von Menschen, die mit sich selbst, Gott und der Welt nicht mehr zurecht kamen. Geschichten von Menschen, die sich unter dem Gesetz der Sünde gefangen fühlten, die unter der Last von Schuld zusammengebrochen waren. Ihnen hat Jesus neues Leben zugesprochen, so, daß sie es glauben konnten, so, daß die erlösende Kraft dieses Glaubens in ihnen sich ausbreiten konnte. „Deine Sünden sind dir vergeben ... Steh auf, nimm deine Tragbahre und geh nach Hause!" (Mk 2,9 f) „Hat dich niemand verurteilt? ... Auch ich verurteile dich nicht. Geh und sündige nicht mehr!" (Joh 8,10 f) Zu den schönsten Geschichten und Gleichnissen, die Jesus erzählt, gehören die von Umkehr und Versöhnung: die wiedergefundene Münze, das gerettete Schaf, der gütige Vater und seine zwei Söhne. Hat Jesus viel mehr von Gott gesagt, als daß der Himmel sich „über einen einzigen Sünder, der umkehrt, mehr freut als über neunundneunzig Gerechte" (Lk 15,7)? Menschen haben in der Begegnung mit ihm Anteil an dieser Gottesfreude gewonnen. Menschen mit dieser Erfahrung konnten ihn als „guten Meister" erfahren. Und ein Paulus konnte, zugleich persönlich betroffen und in den Dienst der Weitergabe des Evangeliums genommen, schreiben: „Wir sind also Gesandte an Christi statt: Laßt euch mit Gott versöhnen! Er hat den, der keine Sünde kannte, für uns zur Sünde gemacht, damit wir in ihm Gerechtigkeit Gottes würden." (2 Kor 5,20–21) – In einem inneren Umkehrerlebnis, in einem Beichtgespräch, in einem starken Versöhnungsgeschehen gewinnen Menschen Nähe zu Jesus, dem Freund „der Sünder und Zöllner". Wer ist der, daß er mit Vollmacht den vergebenden Gott verkündet und gegenwärtig sein läßt?

## Erkannt im Wort

In der Politik heißt es immer wieder, es müsse jetzt ein Verantwortlicher, ein Kanzler ein „Machtwort" sprechen. Die Wirkung Jesu, so wie sie in der Schrift bezeugt ist, beruht zu einem großen Teil auf seinem Wort, genauer, auf der Kraft in seinem Wort: „Meine Worte sind Geist und Leben!" heißt es im Johannesevangelium. Die Leute sind erstaunt, bestürzt, beglückt, denn er „redet wie einer der Vollmacht hat, nicht wie die Schriftgelehrten und Pharisäer", so sagen sie. Durch Jesu Worte erfuhren sich Menschen bis ins Innerste getroffen, durchschaut, gerichtet, aufgerichtet, ermutigt, geheilt, gerettet: „Sprich nur ein Wort, so wird mein Knecht gesund!" sagt der römische Hauptmann. Es gab Menschen, die spürten, daß sie von den Worten Jesu leben konnten, so wie Jesus vom Willen und Wort seines Vaters lebte: „Der Mensch lebt nicht vom Brot allein, sondern von jedem Wort aus dem Munde Gottes." (Mt 4,4) Auf Jesu Wort hin wagen Menschen Netze auszuwerfen, wo es scheinbar nichts mehr zu fangen gibt – „Auf dein Wort hin …!" sagen die Jünger. Jesu Worte sind lebendig und geben Leben: „Du allein hast Worte ewigen Lebens! Wohin sonst sollten wir gehen?!" – so antworten die Jünger auf die Frage Jesu, ob auch sie weggehen wollten. Die Worte, die Jesus redet, werden von vielen als Wahrheit und Befreiung, als Geist und Leben erfahren. Er selbst ist Leben: „Amen, Amen ich sage euch: Wenn jemand an meinem Wort festhält, so wird er den Tod nicht schauen in Ewigkeit!" (Joh 8,51)

Wenn jemand ein Wort Jesu, Jesu Worte in der Tiefe der eigenen Existenz erfährt, dann zeigt er sich als der, der er ist. Der russisch-othodoxe Erzbischof Anthony Bloom erzählt in seinem Büchlein „Meditation" von einer Begegnung mit Jesus Christus beim Lesen der Bibel, die sein Leben verändert hat. Er sagt, daß er damals ein glücklicher junger Mensch war, dessen Glück aber keine tiefe Bedeutung hatte, da er an kein Ziel dieses Glükkes glaubte. Er wollte noch ein Jahr lang leben, um nach dem Sinn des Glückes zu suchen. Wenn er es bis dahin nicht fände, wollte er Selbstmord begehen. Als er mit einer russischen Jugendorganisation in Paris war, hörte er dort einen Vortrag, der ihm einen abstoßenden Eindruck von Christus und vom Christentum gab. Er wollte diesen Eindruck nachprüfen und las erstmals in der Bibel. „Beim lesen des Markus-Evangeliums – ich war noch nicht beim dritten Kapitel angelangt, hatte ich plötzlich den Eindruck, auf der anderen Seite meines Schreibtisches befinde sich jemand. Ich war sicher, daß Christus es war, der da stand, daß ich es niemals vergessen konnte. Dieses Erlebnis wurde für mich zu einem Wendepunkt. Weil ich erfahren hatte, daß Christus lebte, konnte ich mit Sicherheit sagen, das Evangelium verkündet die Wahrheit, wenn es von der Kreuzigung des galiläischen Propheten spricht. „ Sicher ist dies eine eher ungewöhnlich deutliche Erfahrung. Aber es gibt durch die Geschichte bis heute hindurch eine „Wolke von Zeugen", die alle bekennen, daß irgendein Wort des Evangeliums sie bis ins Innerste, bis zur „Scheidung von Mark und Knochen" (Hebr 4,12) getroffen, erlöst, befreit, verwandelt hat. In diesen Lebens-Worten wurde ihnen auch Jesus gegenwärtig. In diesen Licht-Worten wurde er für sie zur Wegweisung und für manche zum „Weg zur Wahrheit, zum Leben." (Joh 14,6)

**Leben wie Er**

Woran erkannten die ersten Christen und Jesus-Jünger, daß sie in einer tiefen Beziehung mit Jesus lebten? Der erste Brief von Johannes gibt hier eine klare Anwort: „Wenn wir seine Gebote halten, wird uns bewußt, daß wir ihn erkannt haben. Wenn einer sagt: Ich habe ihn erkannt, aber seine Gebote nicht hält, ist er ein Lügner, und die Wahrheit ist nicht in ihm! Wer aber sein Wort hält, hat die Gottesliebe vollkommen in sich. Wir erkennen daran, daß wir in ihm sind. Wer sagt, daß er in ihm bleibt, muß auch leben wie er gelebt hat." (1 Joh 2,3–6) „Leben wie er", das ist das entscheidende Schlüsselwort. Wer lebt wie er, der erkennt ihn, seine Gegenwart im Heiligen Geist.

Man könnte auch sagen: Es gibt viele Worte Jesu, die Anweisungen zu spirituellen Experimenten sind. Ihre Botschaft lautet immer: „Handle so und Du wirst leben!" (Lk 10,28). Lebe so und du wirst Anteil bekommen an dem, der „das Leben ist". Handle so und du wirst Jesus erkennen, der gesagt hat: „Gott ist doch ein Gott der Lebenden und nicht der Toten!" Gebote sind ja in erster Linie nicht mutwillige oder gar böswillige Eingrenzungen menschlicher Freiheit und menschlichen Lebens. „Im Ursprung" sind sie „Worte des Lebens", „Licht auf unserem Pfad", Suchhilfen zum Lebenssinn. Lebe in Wahrhaftigkeit, aus Vertrauen, im Freigeben, in Ehrfurcht vor dem Menschen, in Gottesverbundenheit – und du wirst leben.

## Er – in den Brüdern und Schwestern

Ein, wenn nicht *der* Grundsatz einer „christologischen Erkenntnislehre" ist „Erkennen im Lieben": „Wer meine Gebote hat und sie hält, liebt mich; wer aber mich liebt, wird von meinem Vater geliebt werden, und ich werde ihn lieben und mich ihm offenbaren." (Joh 14,21) Diese Liebe ist Liebe zu Gott, aber auch ganz wesentlich und untrennbar Liebe zu den Brüdern und Schwestern. Darum ist einer der wichtigsten Hinweise für die Erkenntnis Jesu Christi in einem seiner Gerichtsworte zu finden. Auf die Fragen: „Herr, wann haben wir dich hungrig und nackt und auf der Flucht und gefangen und obdachlos gesehen?" antwortet er: „Amen, ich sage euch: Was ihr für den geringsten meiner Brüder getan habt, das habt ihr für mich getan ... Was ihr für einen dieser Geringsten nicht getan habt, das habt ihr auch für mich nicht getan!" (vgl. Mt 25,31–46) Christus-Begegnung ist nicht nur mystisches, innerseelisches, visionäres Erleben, sondern Mystik der helfenden, dienenden Begegnung mit den Brüdern und Schwestern. „Das Kennzeichen der Kinder Gottes ist dies: Keiner stammt von Gott, der die Gerechtigkeit nicht tut und seinen Bruder nicht liebt." (1 Joh 3,10)
Es ist in hohem Maße aufschlußreich, wenn Johannes in seinem Brief schreibt, daß die spirituelle Erfahrung der Auferstehung und damit auch des auferstandenen Christus im Vermögen der Nächstenliebe geschieht: „Wir wissen, daß wir aus dem Tod in das Leben hinübergegangen sind, weil wir die Brüder lieben ... Die Liebe haben wir daran erkannt, daß er sein Leben für uns gegeben hat. So müssen auch wir das Leben hingeben für die Brüder. Wie kann die Liebe Gottes in dem bleiben, der Vermögen hat und sein Herz vor dem Bruder verschließt, den er in Not sieht? Kinder, wir wollen nicht lieben mit Wort und Zun-

ge, sondern in Tat und Wahrheit." (1 Joh 3,14–18) Die Lieblo-
sigkeit ist das größte Hindernis für die Erkenntnis Jesu Christi.
„Wer nicht liebt, hat Gott nicht erkannt, denn Gott ist die Liebe." (1 Joh 4,8) Oft genug ist ein erster Schritt der Heilung von
der geistlichen Erkenntnisschwäche, wenn ein Mensch beginnt,
seine Verblendung, die Abgründigkeiten seiner Ichbefangenheit
zu erkennen. Die Erkenntnis der eigenen Liebesschwäche bzw.
des Unvermögens, großherzig zu sein, kann zur Verzweiflung
führen, aber auch zum Geschenk der Versöhnung: „Die Liebe
besteht nicht darin, daß wir zuerst geliebt haben, sondern daß
Gott uns geliebt und seinen Sohn als Sühne für unsere Sünden
gesandt hat." (1 Joh 4,10)

**Wenn geheimer Sinn aufgeht**

Eine der bewegendsten Auferstehungsgeschichten ist die Erzählung von der Begegnung von Jesus und den beiden Jüngern,
die nach Emmaus gehen. Ihr ganzes Hoffnungsgebäude schien
zusammengebrochen. Und nun geschieht etwas, das ihr Fragen, ihr Leid, ihre Fast-Verzweiflung umkehrt, so daß noch im
Sterben aus Liebe ein Sinn aufscheint: „Mußte nicht der
Menschensohn all dies erleiden, um so in seine Herrlichkeit zu
gelangen?" (Lk 24,26) Es ist seltsam, wunderlich und manchesmal wunderbar, daß äußerlich gleiche Situationen von Leid und
Unglück ganz verschiedene Auswirkungen in Menschen haben.
Wieviele Menschen gibt es, die das Unglück in der Welt, das Leid
für ihren Unglauben verantwortlich machen: Einen Gott, der
solches Leid zuläßt, kann es nicht geben, bzw. er ist kein Gott
oder zumindest nicht mein Gott. Und umgekehrt kann es geschehen, daß in tiefster Dunkelheit das Licht Gottes aufgeht.
Ein Mitbruder erzählte mir von einer Begegnung nach einer
Bombennacht in Augsburg. Große Teile der Innenstadt waren
zerstört. Er fuhr mit seinem Wagen stadtauswärts und nahm
einen Mann mit. Der erzählte, er sei von einer Dienstreise zu-
rückgekommen und habe sein Geschäft und sein Haus total zer-

stört vorgefunden. Ziemlich sicher seien seine Frau und seine Kinder darunter begraben. Als er seine Geschichte erzählt hatte, sagte er: „Pater, sie brauchen mich jetzt nicht zu trösten. Ich habe in dieser Nacht alles verloren – und Gott gefunden!" Sicher könnte man auch umgekehrte Geschichten erzählen: „In dieser Nacht habe ich meinen Glauben an Gott verloren!" Von Ijob an gibt es Zeugnisse, daß in Glaubensnächten tiefere Gottesbegegnung geschehen kann. In Auschwitz haben Menschen zu Gott gefunden und sich von ihm abgekehrt. Die Emmausjünger sind ein Zeugnis dafür, wie Menschen am Tiefpunkt einer Krise standen und anfingen, einen geheimen Sinn im Leiden und eine neue Beziehung zu Jesus zu finden. Und so heißt es denn auch, daß sie mitten in der Nacht aufbrachen und zur Gemeinschaft der andern Jünger zurückkehrten.

## Beim Brotbrechen erkannt

Zunächst heißt es in der erwähnten Emmausgeschichte: „Ihre Augen waren gehalten", d.h. Jesus „ging ihnen nicht auf". Als sie dann beim Mahl sind und er das Brot bricht, da erkennen sie ihn: „Und als er mit ihnen bei Tisch war, nahm er das Brot, sprach den Lobpreis, brach das Brot und gab es ihnen. Da gingen ihnen die Augen auf und sie erkannten ihn." (Lk 24,30 f) Geschichtlich gesehen, war das Treffen bei der Eucharistie sicher einer der Kristallisationspunkte der ersten christlichen Gemeinden. Beim Teilen des Brotes erfüllte sich immer wieder für viele das Wort: „Wo zwei oder drei in meinem Namen beisammen sind, da bin ich mitten unter ihnen." (Mt 18,20) Sicher gibt es verschiedene spirituelle Sensibilitäten, aber auch heute gibt es viele Christen, für die die Eucharistie ein Quellpunkt ihres Glaubenslebens ist. Es gibt sozusagen „spektakuläre Zeugnisse", gerade auch von Menschen, die zur katholischen Kirche konvertieren, für die die Messe zum Ort der Gottesberührung und der Vitalisierung des Glaubens wurde. Es gibt bescheidenere, aber nachhaltige Glaubenserlebnisse, wenn jemand bei der eucharistischen Anbetung in den Raum des „stillen Glaubens" vor das „Brot in der Wüste" gelockt wird und erstmals oder immer wieder die Gegenwart des Gegenwärtigen wahrnimmt. „Ich dachte bei den Exerzitien", sagte mir einmal jemand, „außer dem Anbetungsraum werd ich schon irgendeine Ecke zum Meditieren finden. Ich fand keine und ging notgedrungen in den Anbetungsraum. Seither spüre ich bei der eucharistischen Anbetung eine leise, immer intensivere Gottes-Gegenwart im Raum und in der Stille und im Gottes-Brot und in mir."

## Erblindet und sehend

Immer wieder bezeugen Menschen „umwerfende" Gottes-erfahrungen und Christusbegegnungen, an die andere sich gleichsam anschließen können. Im Neuen Testament ist dies am deutlichsten wohl Paulus auf dem Weg nach Damaskus. Paulus, eifernd für Gott und das Gesetz; Paulus, gerecht und fromm und doch bereit, Menschen gefangennehmen und auspeitschen zu lassen. So ist er unterwegs: Gesetzestreu und „wutschnaubend" gegen die Anhänger des neuen Weges: „Als ich aber auf dem Weg war und mich Damaskus näherte, da geschah es, daß mich um die Mittagszeit plötzlich vom Himmel her ein helles Licht umstrahlte. Ich stürzte zu Boden und hörte eine Stimme zu mir sagen: Saul, Saul, warum verfolgst du mich? Ich antwortete: Wer bist du, Herr? Er sagte zu mir: Ich bin Jesus, der Nazaräer, den du verfolgst." (Apg 22,6-8) – Die „Damaskus-stunden" sind sprichwörtlich geworden. In ihnen kann sich Dunkelheit eines Lebens zusammenballen und aufgebrochen werden von Licht und einem Blitzstrahl des Erkennens. Es heißt, daß Paulus von diesem Licht blind wurde und an der Hand geführt werden mußte: „Als er aber die Augen öffnete, sah er nichts." (Apg 9,8) In dieser Stunde aber beginnt er, mit den „Augen des Herzens" (Eph 1,18) zu sehen. In dieser Stunde wird er zum „Sklaven Jesu" (Röm 1,1), seines Herrn; erfährt er sich als „neue Kreatur" (2Kor 5,17); von hierher kann er sagen:

„Durch Gottes Gnade bin ich, was ich bin" (1 Kor 15,10); was ihm bisher wichtig war, wird wertlos „um der überwältigenden Erkenntnis Jesu Christi, meines Herrn willen" (Phil 3,7 f); hier liegt der Grund für die Hoffnung: „Ich werde erkennen, gleichwie ich erkannt worden bin" (1Kor 13,12). Im Philipperbrief faßt er sein Leben mit Christus in das Wort zusammen: „Ich bin von Christus Jesus ergriffen worden." (Phil 3,12) – Dies geschieht immer wieder, und auf verschiedenste Weise, und an den verschiedensten Orten. Damaskus kann überall sein.

## Kenntnis im Geist

Wie Jesus heute gegenwärtig ist, muß wohl die Frage für jeden sein, der eine Beziehung zu ihm sucht. Ist er gegenwärtig in der Erinnerung als geschichtliche Figur? Ist er gegenwärtig in den Wirkungen, die er in Menschen und in der Menschheitsgeschichte ausgelöst hat und die nicht leicht zu überschätzen sind? Ist er gegenwärtig als ein Lebensmodell, das andere übernehmen? – Dies ist nicht erst unsere Frage, sondern dies war auch schon die Frage der ersten Generation der Jünger und Jüngerinnen Christi. Manche hatten ihn noch von Angesicht zu Angesicht gesehen. Manchen war er ganz frisch, nah, gegenwärtig, weil ihre Brüder oder Schwestern oder Eltern oder Großeltern, die ihn „direkt" gesehen und gehört und erlebt hatten, von ihm erzählten. Aber auch schon damals war Jesus nicht allen, die ihm nachfolgten, auf diese Weise nahe. Sie hatten ihn nie gesehen, gehört, und so heißt es im Petrusbrief: „Ihn habt ihr nicht gesehen, und dennoch liebt ihr ihn; ihr seht ihn auch jetzt nicht; aber ihr glaubt an ihn und jubelt in unsagbarer, von himmlischer Herrlichkeit verklärter Freude, da ihr das Ziel des Glaubens erreichen werdet: euer Heil." (1 Petr 1,8 f) Wie ist der gegenwärtig, den die Christen der ersten und zweiten Generation nicht sehen? Paulus gibt eine entscheidende Antwort: Jesus ist gegenwärtig im Geist. Anders nicht!
Eine wichtige Stelle dafür findet sich im zweiten Brief an die

Korinther. Hier schreibt Paulus: „Also kennen wir von jetzt an niemand mehr nur dem Fleisch nach; auch wenn wir früher Christus dem Fleisch nach gekannt haben, jetzt kennen wir ihn nicht mehr so." (2 Kor 5,16) Die Einheitsübersetzung spricht vom „einschätzen" und „nach menschlichen Maßstäben". Im Griechischen ist aber klar vom „Fleisch" und vom „Erkennen" die Rede. Fleisch wird zumeist im Gegensatz zu Geist gesehen. Im biblischen Verständnis ist Geist Leben, Atem, Liebe. Am faßbarsten wird der Geist, der „weht wo er will", in den „Früchten des Geistes": „Die Frucht des Geistes aber ist Liebe, Freude, Friede, Langmut, Freundlichkeit, Güte, Treue, Sanftmut und Selbstbeherrschung." (Gal 5,22) Der Geist also ist das „Medium", in dem Christus gegenwärtig ist. Selbst wenn ihn jemand dem Fleisch nach, d.h. von den Gassen in Nazaret und den Straßen Jerusalems her und „von Angesicht zu Angesicht" gekannt hätte – jetzt nicht mehr. Was an dem Text besonders interessant ist, daß Paulus davon spricht, daß auch die Jünger einander nicht mehr nur dem Fleisch nach kennen. Der Mensch ist Geist, zwar „Geist in Welt" (K. Rahner), aber Geist. Wer ihm die Dimensionen von Freiheit, Liebe, Wahrheit, Sehnsucht, Hoffnung, Glauben abspricht, der kennt ihn nicht, der kennt sich selber nicht. Und wer den Geist nicht kennt und gelten läßt, der kann auch dem Herrn nicht begegnen. So ähnlich wie manche Menschen erst in der Psychotherapie oder in gruppendynamischen Übungen entdecken müssen, daß es bei ihnen eine ursprüngliche Gefühlswelt gibt, so ist die Dimension des Geistes zwar dem Menschen ursprünglich, aber keineswegs eine für alle und immer gegenwärtige Dimension.

Wenn man vor allem die neutestamentliche Briefliteratur liest, dann ist eines klar, nämlich daß der Geist, die Geisterfahrung alles durchatmet und durchwirkt. Alles geschieht „im Geist": „Durch den Geist ist die Liebe Gottes in unsere Herzen ausgegossen"; im Geist haben die Menschen Gemeinschaft miteinander, sind Kirche: „Ein Leib, ein Geist"; durch die Gaben des Geistes baut sich die Gemeinde auf; es gilt, „dem Geist nach" und nicht mehr nach den bloßen Gesetzen des „Fleisches" zu leben. An über 150 Stellen ist vom Geist, vom Heiligen Geist, von der Geisttaufe, vom Leben im Heiligen Geist die Rede. Es ist geradezu unverständlich, daß die Rolle des Heiligen Geistes in der christlichen Frömmigkeit manchesmal nur auf das Gebet bei schwierigen Prüfungen beschränkt wurde oder die oft schnell vergessene Firmung. Die frühe Kirche war viel „pfingstlicher" als uns im allgemeinen bewußt ist. Entscheidend für die Frage Jesu: „Für wen haltet ihr mich?" und für die Frage nach der Weise seiner Gegenwärtigkeit sind Aussagen wie: „Der Herr aber ist der Geist, und wo der Geist des Herrn wirkt, da ist Freiheit" (2 Kor 3,17); „Wer sich an den Herrn bindet, ist ein Geist mit ihm" (1 Kor 6,17); „dem Fleisch nach wurde Christus getötet, dem Geist nach lebendig gemacht." (1 Petr 3,18) – Die einfachste „spirituelle Erkenntnistheorie" Jesu findet sich in einem Wort aus dem zweiten Brief an Timotheus. Im Schlußvers heißt es: „Der Herr sei mit deinem Geist." (2 Tim 4,22) Dies rufen sich in der Meßliturgie immer wieder die Christen zu: „Der Herr sei mit Euch! – Und mit Deinem Geist!" Im Geist ist Christus gegenwärtig.

## Das Lebende bei den Lebendigen

Im Evangelium nach Lukas wird von zwei Männern in leuchtenden Gewändern erzählt, die zu den Frauen am Grab Jesu sagen: „Was sucht ihr den Lebenden bei den Toten?" (Lk 24,5) Jesus als Christus Gottes ist nicht bei den Toten und in einem Grab zu finden. Eine geistliche Grundentscheidung für das Erkennen Jesu fällt in dem Augenblick, in dem Gott als ein Gott des Lebens begegnet, als der Gott, der dem Menschen den Lebens-Geist, den Lebens-Atem einhaucht. Jesus selber hat sich nicht auf lange Diskussionen über die Auferstehung eingelassen. Sein „Argument" lautet: „Er ist doch kein Gott von Toten, sondern von Lebenden; denn für ihn sind alle lebendig." (Lk 20,38) Für Jesus ist ein Gott, der Herrscher über ein Totenreich ist und dessen „Kreationen" nur in seiner Erinnerung leben, kein Gott; jedenfalls nicht sein Gott. Zu den Zuhörern, die dies anders sehen, sagt Jesus im Evangelium nach Markus: „Ihr irrt Euch sehr!" (Mk 12,27) In diesem Lebens-Gott ist Jesus lebendig und im Lebens-Geist gegenwärtig. Damit steht und fällt auch für Paulus aller Christusglaube. Wenn die Toten nicht auferstehen, d.h. lebendig sind, dann ist Jesus nicht lebendig, dann ist keine lebendige Beziehung, keine Erkenntnis möglich. Wenn aber Jesus in Gott lebendig und gegenwärtig ist, dann ist auch im Geist Jesusbegegnung möglich.

Aus dieser Sicht ist klar, daß für eine Glaubenskatechese die Hinführung zum Geist-Glauben, zum Wirken und zur Wirklichkeit des Heiligen Geistes unersetzlich ist. Wie auch immer die Auferstehungsgeschichten zu deuten sind, im Kern bleiben sie Zeugnisse von Menschen, die im Geist die Lebendigkeit Jesu und ihn als „den Lebendigen" wahrgenommen haben: „Ihnen hat er nach seinem Leiden durch viele Beweise gezeigt, daß er lebt." (Apg 1,2) Vielleicht hat ausgerechnet ein „Heide", der römische Statthalter Festus im Gespräch mit König Agrippa, den Glauben der Anhänger Jesu am einfachsten beschrieben. Den ganzen Prozeß um Jesus kann er im Beamtendeutsch, bzw. Beamtenrömisch nur so beschreiben: Die Kläger hätten bestimmte Streitfragen gegen Paulus ins Feld geführt, „die ihre Religion und einen gewissen Jesus betreffen, der gestorben ist, von dem aber Paulus behauptet, daß er lebe" (Apg 25,19). So sehr ist Christus für Paulus in seinem eigenen innersten Leben gegenwärtig, daß er schreiben kann: „Nicht mehr ich lebe, Christus lebt in mir." (Gal 2,20)

## Erkenntnis – keine Gnosis

Der biblische Wunsch: „Wir möchten Jesus sehen", stand am Anfang der Fragen: Wo ist Jesus? Wie ist er zu finden? Wie ist er zu erkennen? Wer ist er? – In einer Schlußüberlegung soll gefragt werden, was wichtige Elemente des neutestamentlichen Erkenntnisweges zu Jesus hin sind.

Neutestamentliches Erkenntnis ist „Glaubens-Erkenntnis" im Heiligen Geist, nicht Wissen, nicht Gnosis. Eine Vergewisserung Jesu gibt es nicht durch einen babylonischen Erkenntnisbau, der sich von unten her zum Himmel hinaufdenkt oder durch magische Praktiken oder denkerische Mittel absolute Gewißheiten gewinnt. Erkenntnis Jesu Christi geschieht, wie vergleichsweise personales Erkennen eines Menschen nur in und durch liebendes Vertrauen geschieht. Wer jemand ist, das ist nicht erkennbar durch Datenerhebung beim Einwohnermeldeamt. Gegen diese Art von Gnosis wenden sich die biblischen Schriften: „Und das Wort ist Fleisch geworden und hat unter uns gewohnt, und wir haben seine Herrlichkeit gesehen, die Herrlichkeit des einzigen Sohnes vom Vater, voll Gnade und Wahrheit." (Joh 14)

Neutestamentliche „Erkenntnislehre" ist immer auch die Lehre von menschlicher Verblendung und Blindheit. „Ihre Augen waren gehalten", heißt es in der Emmausgeschichte. Augen können durch Verzweiflung gehalten sein oder durch Vorurteile: Was kann aus Nazaret schon Gutes kommen! Der macht sich ja zu Gott. Vom Messias weiß man nicht, woher er kommt! Der erhebt sich über das Gesetz. Dieser religiöse Autodidakt stellt uns von Grund auf in Frage und bringt alles durcheinander: Er ist vom Bösen. Mit Hilfe von Beelzebul, des obersten Teufels, treibt er die Dämonen aus.

Sehen lernen heißt auch, „die Augen des Herzens" heilen zu lassen, frei zu werden von Vorurteilen, Verblendungen und Bosheit.

Die Begegnung mit Jesus ist für jeden verschieden. Wie, wo, wann, unter welchen Umständen sich Christus zu erkennen gibt als der, der er ist, ist so verschieden wie das Leben selber: Es ist um die zehnte Stunde oder bei einem Nikodemusgespräch in der Nacht. Es ist in einer Synagoge oder auf einem hohen Berg. Krankheit kann der Ausgangspunkt sein, der zum Glauben führt. Begegnung geschieht in der Berührung des Gewandes Jesu – und in der Zurückweisung einer festhaltenden Berührung: „Maria, halte mich nicht fest!" Es kommt zur Begegnung durch einen Blick, durch Worte, durch den Speichel am Finger des heilenden Jesus. Zachäus sitzt auf dem Baum, Natanael darunter, Paulus liegt auf dem Boden.

Bei aller Verschiedenheit gibt es auch ähnliche Elemente in der Begegnung und im Erkennen Jesu. Es gibt eine Vorgeschichte der Begegnung: Menschen leben in unerfüllter Hoffnung und Sehnsucht und im Glauben, daß vielleicht einer oder „etwas" sei, der die Erfüllung bringe. Jesus zu suchen heißt, sich auf den Weg der eigenen Herzenssehnsucht und der menschlichen Hoffnungen zu machen. Jesus finden zu wollen heißt auch bereit sein, sich zur Umkehr rufen zu lassen. Wenn die Jünger Jesu seine Botschaft zusammenfassen, dann ist immer der Ruf zur Umkehr, zum Umdenken, zur Buße mitgenannt: „Die Zeit ist erfüllt, das Reich Gottes ist nahe. Kehrt um und glaubt an das Evangelium!" (Mk 1,15) Ohne Erkenntnis der Umkehrbedürftigkeit geschieht keine Erkenntnis der rettenden Liebe Gottes.

Wer Jesus erkennen will, muß den Weg einer Beziehung zu ihm suchen. Sehen, was und wie er lebt und handelt. Hören, was er sagt. Sich der Verheißung und dem Anspruch seines Lebens aussetzen. Kommt es zur Begegnung, dann bedeutet dies auch immer eine Entscheidung. Entscheidung auf seine Einladung zur Nachfolge einzugehen oder zu zögern, sich zu verweigern.

Die Jesus-Gemeinschaft, die Jünger-Gemeinschaft bedeutet, auf einem Weg zu sein. Auf einem Weg mit Höhen und Tiefen, Licht und Dunkel, Innehalten und Vorwärtsdrängen, Frieden und Kampf, Schweigen und Verkünden, Versagen und Reinigung, Nähe und Entzogenheit, Stürmen und gestilltem Meer, Einsamkeit und Gedränge, Hunger und Gastmähler, Aufnahme bei Freunden und aggressive Ablehnung, Verrat und Verzeihung, Sendung und Ohnmacht, Sterben und Leben.

Wer diesen Jesus-Weg, diesen Weg mit Jesus mitgeht, mitlebt, der wird vielleicht seine Erkenntnis Jesu in Worte fassen, wie dies Paulus getan hat: „Jetzt schauen wir in einen Spiegel und sehen nur rätselhafte Umrisse, dann aber schauen wir von Angesicht zu Angesicht. Jetzt erkenne ich unvollkommen, dann aber werde ich durch und durch erkennen, so wie ich durch und durch erkannt worden bin. Für jetzt bleiben Glaube, Hoffnung, Liebe, diese drei: doch am größten unter ihnen ist die Liebe. Jagt der Liebe nach!" (1 Kor 13,12–14,1)

Die Jesus-Gemeinschaft, die Jünger-Gemeinschaft bedeutet, auf einem Weg zu sein. Auf einem Weg mit Höhen und Tiefen, Licht und Dunkel, Innehalten und Vorwärtsdrängen, Frieden und Kampf, Schweigen und Verkünden, Versagen und Reinigung, Nähe und Entzogenheit, Stürmen und gestilltem Meer, Einsamkeit und Gedränge, Hunger und Gastmähler, Aufnahme bei Freunden und aggressive Ablehnung, Verrat und Verzeihung, Sendung und Ohnmacht, Sterben und Leben.

Wer diesen Jesus-Weg, diesen Weg mit Jesus mitgeht, mitlebt, der wird vielleicht seine Erkenntnis Jesu in Worte fassen, wie dies Paulus getan hat: „Jetzt schauen wir in einen Spiegel und sehen nur rätselhafte Umrisse, dann aber schauen wir von Angesicht zu Angesicht. Jetzt erkenne ich unvollkommen, dann aber werde ich durch und durch erkenne, so wie ich auch durch und durch erkannt worden bin. Für jetzt bleiben Glaube, Hoffnung, Liebe, diese drei: doch am größten unter ihnen ist die Lieb. Jagt der Liebe nach!" (1 Kor 13,12–14,1)

# Zum Zeugnis für die Menschen befreit

## Das Geheimnis von Erlösung und Trinität

### Urbilder von Erlösung

Aufatmen, Einssein, Befreiung, Errettung – all dies sind Namen, Worte, Bilder und Andeutungen für das Geheimnis und die Sehnsucht nach Erlösung. Vielleicht zeigt sich die Vielfältigkeit der Vorstellungen und Erfahrungen von Erlösung nirgends so deutlich wie in den über hundert Namen, Titeln und Bildern, die im Neuen Testament für *den* Erlöser, Jesus, den Christus, gebraucht werden. Er ist der Sohn, Bruder, Herr, Lamm Gottes, lebendiger Fels, Anfang und Ende, Weg, Wahrheit, Leben, Licht – Gottes Liebe, die alles in allem und allen ist. Hundert Namen, hundert Weisen von Beziehungserfahrung, hundert Farbschattierungen von erlöstem Dasein und sich vollendender Begegnung.

Im folgenden sollen einige Grundworte und Urbilder skizziert werden, die im Alten und Neuen Testament farbkräftig und eindrucksvoll unerlöstes und erlöstes Dasein vor Augen stellen.

### Zur Gottesschau bestimmt

Wenn sich in einem einzigen biblischen Namen menschliches Leiden und Sehnsucht nach Erlösung verdichtet, dann ist dies der Name Ijob. Ihm wird und ist alles genommen, was Leben lebenswert und menschlich macht: „Mein Atem ist meiner Frau zuwider; die Söhne meiner Mutter ekelt es vor mir." (Ijob 19,17) Der all dies geschehen ließ, ist Jahwe selber: „Er riß mein Hoffen aus wie einen Baum". (19,10) Ijob ist die entwurzelte Existenz, die keinen Lebensboden mehr hat. – Und Ijob ist der Mensch, der unerklärlicherweise dennoch aus Hoffnung – aus

„Hoffnung wider die Hoffnung" – lebt. Auf geheimnisvolle Weise rauscht in den Blättern des entwurzelten Baumes die Sehnsucht nach und das Wissen um Erlösung: „Doch ich weiß: mein Erlöser lebt, als letzter erhebt er sich aus dem Staub. Ohne meine Haut, die so zerfetzte, und ohne mein Fleisch werde ich Gott schauen: Ihn selber werde ich dann für mich schauen; meine Augen werden ihn sehen, nicht mehr fremd. Danach sehnt sich mein Herz in meiner Brust." (Ijob 19,25–27)

Erlöstsein heißt, mit dem fremd gewordenen Gott wieder vertraut werden, sich das Auge des Herzens heilen zu lassen. In Christus wird dies deutlich: Er schenkt Blinden das Augenlicht, er kommt als „Licht in die Finsternis"; und er antwortet auf die Sehnsucht, den Vater sehen zu wollen: „Wer mich sieht, sieht den Vater." (Joh 14,9) – Wer erlöst ist, kann mit Ijob auf eigene Weise sagen: „Vom Hörensagen nur hatte ich von dir vernommen; jetzt aber hat mein Auge dich geschaut." (Ijob 42,4)


### Ins Leben gerufen

Erlöstsein heißt, ins Leben gerufen zu sein. Prall, satt und irdisch zeigt sich dies für Ijob: „Der Herr aber segnete die spätere Lebenszeit Ijobs mehr als seine frühere … Dann starb Ijob, hochbetagt und satt an Lebenstagen." (Ijob 42, 12.17) Dies darf und muß zunächst einmal so genommen werden, wie es dasteht und gesagt wird: Alle Herrlichkeiten des Lebens sind und können Gottes Segen, Sakramente der Nähe Gottes sein. Das Wort des Irenäus von Lyon: „Die Herrlichkeit Gottes ist der lebendige Mensch", ist nicht nur vielzitiert und durch sein Alter geadelt, sondern vor allem – wahr und Evangelium.

Für Jesus, der „das Leben" ist, ist „Gott ein Gott der Lebenden und nicht der Toten". Er stellt in seiner Person neu in die Entscheidungssituation, vor die Jahwe Israel stellte: „Ich lege dir vor Leben und Tod. Wähle das Leben." (Dtn 30,19)

Was den Jüngern Jesu geoffenbart wurde, ist Leben: „Denn das Leben wurde offenbart; wir haben gesehen und bezeugen und verkünden euch das ewige Leben, das beim Vater war und uns offenbart wurde." (1 Joh 1,2)

Erlösung weitergeben, heißt Leben weitergeben – wenn jemand hilft, daß alte Verwundungen heilen; wenn jemand Lebens-Selbsthilfegruppen gründen hilft; wenn jemand auf vielfache Weise Menschen und Institutionen Geburtshilfe, Lebenshilfe, Sterbehilfe gibt.

## Zur Freiheit befreit

Zu den Urworten der paulinischen Christengemeinden, die die geistliche Erfahrung von Erlöstsein kennzeichnen, gehört sicher das Wort „Freiheit". Wir sind „zur Freiheit befreit". Befreit zur Freiheit von zwanghaften Selbsterlösungsversuchen, von einer versklavenden und tödlichen Gesetzlichkeit; befreit von unmenschlichen, weil verkehrten Prioritäten: „Der Sabbat ist um des Menschen willen da, nicht der Mensch für den Sabbat." (Mk 2,27)

Als Befreiung feierte Israel durch die Jahrhunderte das Wirken Jahwes. Er hat sein Volk aus dem „Sklavenhaus Ägypten" herausgeführt und seinen Schritten weiten Raum gegeben. Die Befreiung, die in Jesus geschieht, sieht Paulus in seinem Brief an die Philipper als Solidarität der Gottesliebe mit den Menschen: „Er war Gott gleich, hielt aber nicht daran fest, Gott gleich zu sein, sondern entäußerte sich und wurde wie ein Sklave und den Menschen gleich." (Phil 2,6–7)

Erlösung heißt, sich in die befreiende Gemeinschaft mit dem „Sklaven Gottes" zu stellen und immer wieder neu die Wahrheit an sich geschehen zu lassen, von der es heißt: „Die Wahrheit wird euch frei machen." (Joh 8,32)

## Zur Leichtigkeit entlastet und zum Fest geladen

Ein Bild der Unerlöstheit, das der Erfahrung des Sklaven sehr nahe ist, drückt sich im Belastet-Sein aus. In einer Welt, wo es weder Baukräne, noch Lastwagen, noch Gabelstapler gab und Pyramiden von Sklaven in Fronarbeit errichtet wurden, war Arbeit oft genug eine furchtbare „Schinderei". Nicht genug damit, daß Gefangenen Lasten aufgebürdet wurden; der Mensch schafft sich und anderen mit seinen Götzen selber unerträgliche Lasten. Babels Götter sind „eine aufgebürdete Last für das ermüdete Vieh" (vgl. Jes 46,1–3).

Da sein Volk am Zusammenbrechen ist, erinnert Jahwe Israel daran, daß er selber der große Lastenträger und Entlaster ist: „Hört auch mich ..., die mir aufgebürdet sind vom Mutterleib an, die von mir getragen wurden, seit sie den Schoß ihrer Mutter verließen. Ich bleibe derselbe, so alt ihr auch werdet, bis ihr grau werdet, will ich euch tragen. Ich habe es getan, und ich werde euch weiterhin tragen, ich werde euch schleppen und retten. – Mit wem wollt ihr mich vergleichen, neben wen mich stellen?" (Jes 46,3–5)

In Jesus wird Jahwes Retten und Schleppen offenbar. In dem Jesus, der seufzt: „Wie lange soll ich euch noch ertragen?" In dem Jesus, der die Mühseligen und Beladenen einlädt, sich bei ihm auszuruhen. In dem Jesus, der die Last des Kreuzes auf sich nimmt.

Seine Jünger haben ihn dann verstanden, wenn sie „all ihre Sorgen auf den Herrn werfen" und ohne ängstliches Besorgt- und Belastetsein leben, im Vertrauen auf den sorgenden Gott.

Sie haben Jesus auch dann verstanden, wenn sie einem Menschen die aufgebürdete Last zwei Meilen statt einer tragen und ihr „tägliches Kreuz", ihre „täglichen Spannungen" durchtragen: „Einer trage des anderen Last, so erfüllt ihr das Gesetz Christi." (Gal 6,2)

Das Kriterium für ein erlöstes Tragen von Lasten ist die Fähigkeit, feiern zu können. Es gibt nicht nur die „Unfähigkeit zu trauern", sondern auch die „Unfähigkeit zu feiern", „die Unfä-

higkeit zur Stille", die „Unfähigkeit zum Gebet", die „Unfähigkeit zur Liturgie". Es ist der „Pharao in uns", der die Entlastung verhindern will, der das „Fest in der Wüste" verhindern will: „Sie sind faul, und deshalb schreien sie: Wir wollen gehen und unserem Gott Schlachtopfer darbringen. Erschwert man den Leuten die Arbeit, dann sind sie beschäftigt und kümmern sich nicht um leeres Geschwätz". (Ex 5,8–9)
Freiraum schaffen, sich Luft zum Atmen lassen, das Geschenk der Stille annehmen, in die Wüste des Gebets gehen, „Gott zu Ehren ein Fest feiern" – dies sind Kennzeichen, daß Erlösung in einem Menschenleben sich Raum schafft.

## Zur Gerechtigkeit entschuldigt und zur Gemeinschaft versöhnt

Einer, der sein Leben mit Arbeit verlebt hat und am Ende unfähig zum Fest ist, das ist die Gestalt des älteren Bruders in der Geschichte vom barmherzigen Vater (Lk 15,11–32). Er ist verärgert und schmollt, weil er sich übergangen und nicht gerecht behandelt fühlt. Sein Bruder, der „Luftikus", der das Vermögen in der Fremde durchgebracht hat, wird mit einem großen Fest wieder daheim aufgenommen – der Ältere, der „Zurückgebliebene", bleibt „draußen vor der Tür" des Festmahles; unversöhnt, unfähig zu Fest und Gemeinschaft, weil unfähig zur Vergebung. Sich erlösen und miterlösen lassen heißt, zu vergeben und sich vergeben zu lassen. Mit Jesus, so sieht es Paulus, ist „unser Schuldbrief an das Kreuz geheftet worden". Christus ist das „Lamm Gottes, das die Sünde der Welt hinwegnimmt".
Der Mensch, der verzweifelt er selbst oder verzweifelt nicht er selbst sein will – so definiert Kierkegaard einmal die Sünde –, darf sich in der Erlösung der unbedingten Liebe Gottes überlassen. Der Ich-Bankrott, die „Werdeschuld", die „Ichaufblähung" bzw. „Ichschrumpfung" ist erlöst durch das neu geschenkte Bewußtsein der Gotteskindschaft: Wir Erlösten sind „im Sohn" Söhne und Töchter des Vaters; des Vaters, der nicht

nur Schulden ausgleicht, sondern zu dem älteren Bruder spricht: „Aber Kind, du bist doch immer bei mir, und alles, was mein ist, ist dein!" (Lk 15,31)

## Zum „Umsonst" beschenkt und zum Loben begnadet

„Gratis" zu leben, aus dem Umsonst, aus Beschenktsein, aus Gnade (lat. „gratia"), ist eine besonderer Ausdruck von Erlösung in einer Zeit, für die manchmal gilt: „Wer alles bloß für Geld tut, der tut bald für Geld alles." Einen sehr handfesten Ausdruck findet das „Leben aus dem Umsonst" einmal beim Propheten Jesaja: „Auf, ihr Durstigen, kommt alle zum Wasser! Auch wer kein Geld hat, soll kommen. Kauft Getreide und eßt, kommt und kauft ohne Geld, kauft Wein und Milch ohne Bezahlung! – Warum bezahlt ihr mit Geld, was euch nicht nährt, und mit dem Lohn eurer Mühen, was euch nicht satt macht?" (Jes 55,1–2)

„Jesus, das wahre Brot vom Himmel", ist das „Umsonst Gottes in dieser Welt". In jedem eucharistischen Mahl wird dies neu gefeiert: „Dies ist mein Leib für euch." Jesu Leben ist freie Hingabe, Geschenk, Gnade. Daß mit dieser Gottesgabe alles gegeben ist, drückt Paulus mit den Worten aus: „Er hat seinen eigenen Sohn nicht verschont, sondern ihn für uns alle hingegeben – wie sollte er uns mit ihm nicht alles schenken?" (Röm 8,32)

Überall, wo zwischen Menschen Begegnung im Umsonst geschieht, freilassendes Schenken, geschieht das Sakrament der Erlösung und wird es aneinander weitergegeben. In diesem schenkenden Begegnen wächst dann, auch dies als umsonst gegebenes, das Geschenk des Lobens und Dankens, wie es eine der Präfationen ausdrückt: „In Wahrheit ist es würdig und recht, dir, allmächtiger Vater, zu danken und deine Größe zu preisen. Du bedarfst nicht unseres Lobes, es ist ein Geschenk deiner Gnade, daß wir dir danken. Unser Lobpreis kann deine Größe nicht mehren, doch uns bringt er Segen und Heil durch unseren Herrn Jesus Christus."

## Zum Überspringen von Mauern befähigt

Kaum ein Bild symbolisiert das Geschehen von Befreiung und Erlösung so sehr wie das Fallen von Mauern, die die Menschen der DDR in einem sozialen und politischen Gefängnis gehalten haben. Wieviele Mauern gibt es im menschlichen Leben? Die Mauern von tödlichem Schweigen, die Mauern der Vorurteile, der Isolation und psychologischen Barrieren; die Mauern, die durch Länder und mitten durch menschliche Herzen gehen. Menschen, die sagen können: „Die Freude am Herrn ist unsere Kraft" (Neh 8,10), können immer wieder auch staunend ausrufen: „Mit meinem Gott überspringe ich Mauern." (Ps 18,30) An der Grenze, ja mitten im Menschenunmöglichen kann Gottes Macht sich in menschlicher Ohnmacht offenbaren.

Von Jesus heißt es im Hebräerbrief, daß er „außerhalb der Stadt", d.h. außerhalb der Mauern starb, vor denen er einmal weinend stand. Vor den Mauern – ausgegrenzt in Betlehem bei der Geburt und vor Jerusalem im Sterben – hat er die Mauern besiegt. In seiner Person hat er die Mauer der Feindschaft niedergerissen. Im Heiligen Geist durchstrahlt er auch die Angstmauern, in die sich die Jünger, bevor der Pfingstgeist sie ergreift, eingesperrt haben. „Ich bin es. Der Friede sei mit euch!"

Wer so im Innersten seiner selbst aus der Isolation des Ich-Gefängnisses befreit wurde, der kann wie der Prophet Ezechiel berufen werden, selber Zeichen zu setzen und Mauern zu durchbrechen: „Ich tat, was mir befohlen wurde. Bei Tag trug ich mein Gepäck hinaus, wie ein Mann, der verschleppt wird. Am Abend brach ich mit den Händen ein Loch durch die Wand; in der Dunkelheit kroch ich hindurch. Dann nahm ich vor ihren Augen das Gepäck auf die Schulter." (Ez 12,7)

## Das trinitarische Gottesgeheimnis

*Die* Kurzformel des Glaubens, *das* Geheimnis des Christsein, *der* Tauf- und Missionsruf des Evangeliums und in all dem auch *die*

Gestalt und *die* Dynamik des Erlösungsgeschehens ist in den Worten zusammengefaßt: „Im Namen des Vaters und des Sohnes und des Heiligen Geistes."

Auf vielfache Weise wurde und wird versucht, dieses Geheimnis des Glaubens und der Erlösung auszusagen. Eine Weise, wie dieses Geheimnis mit Worten berührt, aber nicht ausgeschöpft werden kann, ist sehen zu lernen: In unserem Ich-Sein und Du-Sein und Wir-Sein bzw. in unserem alltäglichen Ich-Sagen, Du-Sagen, Wir-Sagen spiegelt sich das Geheimnis der dreieinigen Liebe Gottes. Gott ist Beziehung – so kann in einem Satz das Geheimnis, daß Gott dreieinige Liebe ist, ausgedrückt werden. Aus dieser theologischen Perspektive ist Erlösung Ruf in die Communio. Wo ereignet sie sich mehr als im Ich-Du-Wir-Sein in den Menschen?

## Ich-Sein als Spiegelung des väterlichen Gottesgeheimnisses

Im Ich-Sein sind drei Wirklichkeiten aufgehoben: Geheimnishaftigkeit, Ursprünglichkeit, Autorität.

Die *Geheimnishaftigkeit* allen Seins spiegelt sich im Namen Jahwes, in seinem Ich-Sein. „Ich-bin-der-ich-bin" oder „Ich-bin-der-ich-bin-da", so lautet die Offenbarung des Gottesnamens an Mose (Ex 3,14).

In Jesus, in dem das Gottesgeheimnis sich zeigt, im Sohn, der „ganz Vater ist", zeigt sich die Geheimnishaftigkeit des „Ich": „Ehe Abraham war, bin ich" (Joh 8,58). In diesen und anderen Worten spiegelt sich das „Messiasgeheimnis" wider. Auch die *Ursprünglichkeit*, die schöpferische Initiativkraft des Schöpfers, der Anfang von allem ist, zeigt sich in allem initiativen, kreativen, schöpferischen Tun Jesu: dort, wo er geschädigtes Leben neu zum Leben ruft, wo er Menschen einen neuen Namen gibt, wie Petrus, wo er gegen Alt-Verkrustetes neue Anfänge setzt.

Die Autorität, das heißt ursprünglich die Mehrerkraft, die Wachstumskraft, die sich im machtvollen Wort Jahwes offenbart, wird in Jesu Reden und Tun für die Menschen sichtbar: „Er redet wie einer, der Vollmacht hat." (Mt 7,29)

Auf diesem Hintergrund kann gesagt werden, daß im Ich-Sein des Menschen das Gottesgeheimnis der Väterlichkeit (in dem das der Mütterlichkeit mitgemeint ist, da in beidem erst die Ursprünglichkeit ausgesagt werden kann) geehrt wird. Wenn jemand das Menschengeheimnis achtet, Leben nicht zer-denkt, sondern staunend groß sein läßt, wenn jemand Anfänge setzt, Initiativen ergreift und Neues ausdenkt, wenn jemand Mut hat, Autorität zu sein, Verantwortlichkeit zu übernehmen und ein freies kräftiges Wort zu wagen – immer dann läßt ein Mensch Gottes Geheimnis der Vätrlichkeit groß sein in seinem Leben und ehrt ihn so.

## Du-Sein als Spiegelung des sohnlichen Gottesgeheimnisses

Wie der Mensch ein Ich ist, so ist er ein Du, ist Du-fähig. Du-Fähigkeit umfaßt die Möglichkeit zur Hinnahme und zur Hingabe, d.h. zum Gehorsam und zur Selbstüberschreitung (Selbst-transzendenz). Der „vielgeliebte Sohn" ist das Du des Vaters, und er lebt ganz auf das „Ich-Du" des Vaters.

Jesus lebt aus Gehorsam. Seine Speise ist es, so sagt er, den Willen dessen zu tun, der ihn gesandt hat. Er ist „ganz Ohr" für das Wort und den Willen des Vaters. Er offenbart, was er „vom Vater gehört" hat. Dieses Hören, diese „Hörigkeit" ist die Ur-form von Gehorsam, ist Du-Fähigkeit. Jesus leidet an der Du-Unfähigkeit der Un-gehorsamen: „Sie haben Ohren und hören nicht!" Jesus lebt dieses Hören, wenn er fragt. „Was willst *du*, daß ich dir tue?" Und sterbend, als Hingabe und Selbst-überschreitung, lebt Jesus sein Du-Sein, wenn er sich, seine „Pro-Existenz" und sein Leben in den Vater hinein überschrei-tet: „In deine Hände empfehle ich meinen Geist." Du-Sein heißt, sich ganz empfangen und ganz geben zu können. Gott im Du-Sagen groß sein zu lassen, kann heißen, immer mehr in der

„Kunst des Hörens" zu wachsen, immer mehr die Wunschbilder und Projektionen, die man sich von anderen macht, zugunsten des wirklichen Du zurückzunehmen. Das Du-unfähige Ich wird Isolationszelle, wenn nicht in der Öffnung auf das Du hin eine Selbstüberschreitung geschieht. In der erlösten, Du-gerichteten Nachfolge – statt des bloßen Tanzes um das eigene Ich – sind Ich-Stärke und Du-Fähigkeit vereint. Dies kann man in einem Wort von Max Frisch erahnen: „Eben darin besteht die Liebe, das Wunderbare an der Liebe, daß sie uns in der Schwebe des Lebendigen hält, in der Bereitschaft, einem Menschen zu folgen in allen seinen möglichen Entfaltungen."

## Wir-Sein als Spiegelung des Geistgeheimnisses Gottes

Wird das Geheimnis Gottes als Geist, als Heiliger Geist ausgesagt, dann ist darin das Ineins von Vielfalt und Einheit und von Frucht und Zeugnis bewahrt. Genau dies geschieht und drückt sich aus im Wir-Sein.

Der Geist ist das Ineins von Vielheit in Einheit: als Schöpfergeist über das Tohuwabohu, das Gestalt gewinnt; als Geistkraft aus der Höhe, die im Kind Mariens Himmel und Erde eint; als „Geistschwebe" im Taufgeheimnis am Jordan, in dem Vater und Sohn eins sind; in der Gemeinde, die durch die Geisttaufe aus den Vielen zu einem Leib werden. Als Fülle, als Pleroma ist er das Geheimnis allen christlichen Pluralismus.

In der Einung geschieht immer auch Zeugnis. Leibhaftigster Ausdruck ist das Christus-Kind. Auf andere Weise sind es die Apostel, die zum Zeugnis befähigt werden und in Freimut das Samen-Wort verkünden, das Jesus ausgesprochen, ausgesät hat. In diesem Sinn kann es heißen, Gott groß sein zu lassen, d.h. zu ehren im eigenen Leben, wenn wir uns der Fülle und Vielheit und den Spannungen des Lebens aussetzen. Kirche und Welt „auszuhalten" in all ihren Tendenzen, Spannungen, Wirrnissen und so verschiedenen Herrlichkeiten. Wer die Spannungen, die Einigungsprozesse durchlebt und erfährt, der wird auch fruchtbar und kann Zeuge dessen sein, was er „gesehen und erfahren hat". Zeuge der letzten Einheit in Unterschiedenheit: Tod und Auferstehung.


## Das Gottesgeheimnis im Es-/Das-Sagen ehren

Die Anfügung, „das Gottesgeheimnis im Es-/Das-Sagen ehren", mag überraschen. Und doch gehört dies zur Wirklichkeit des dreieinigen Gottesgeheimnisses wie die Erde zum Menschen. Es gibt nicht nur das personale Sein, sondern auch diese Eshafte Wirklichkeit. Sie ist der Raum, die Wohnung für personales Geschehen. Das „Das" ist die Leiblichkeit des Persongeheimnisses. Anders, kindlicher gesagt: Gott hat einen Himmel, wie der Mensch die Erde hat. Es gibt „die neue Erde und den neuen Himmel" und den Auferstehungsleib und das neue Jerusalem.

Im Alten Testament wird vor allem in der Schöpfungsgeschichte und in der theologisch-spirituellen Lehre von der Weisheit, der Sophia Gottes, etwas von dieser Dimension des Gottesgeheimnisses deutlich. Die Weisheit kann verstanden werden als die „Welt" Gottes und als die Architektonik der Menschenwelt. Sie ist der „architektonische Verstand" Gottes, in dem die Dynamiken, Gesetzlichkeiten der Natur und die Strukturen der Menschenwelt aufgehoben sind. Auch von der menschlichen Natur und Kultur, von allen Es-/Das-Dimensionen der Schöpfung kann gesagt werden, daß sie als Abbild der Herrlichkeit Gottes geschaffen sind.

Aus diesem Blickwinkel betrachtet, heißt es, Gott groß sein zu lassen, wenn die Natur, die Schöpfung, die Sachgesetzlichkeiten und Institutionen und Gesetze der Menschenwelt die Weisheit Gottes in sich zur Auswirkung kommen lassen: „Machtvoll entfaltet sie ihre Kraft von einem Ende zum andern und durchwaltet voll Güte das All ... Im Umgang mit Gott beweist sie ihren Adel, der Herr über das All gewann sie lieb. Eingeweiht in das Wissen Gottes, bestimmte sie seine Werke." (Weish 8,1.3–4)

Diese Weisheit wohnt nicht in den Menschen, die „Freunde des Todes" sind (Weish 1,16) und „keine Wiese von ihrem ausgelassenen Treiben" (Weish 2,9) verschonen und deren „Stärke bestimmt, was Gerechtigkeit ist" (Weish 2,11).

Das Personsein des Menschen zeigt sich ganz wesentlich auch im Umgang mit allen Schichten der Es-Wirklichkeit und allen Dimensionen der Das-haftigkeit der Welt. Ob nicht manche Zeichen von Unerlöstheit daher kommen, daß wir zu wenig auf diese Dimensionen, diesen Raum des dreieinigen göttlichen Lebens achten?

## Erlösung zwischen „schon" und „noch nicht"

Alles Nachdenken über Erlösung muß, um nicht selber unerlöst zu sein, ausdrücken, daß unser Erlöstsein eine eigene Gestalt hat. Es steht immer unter der Spannung, von der Jesus redet: daß uns schon gegeben ist und daß uns noch dazugegeben wird. Paulus muß den Korinthern sagen, daß sie mit Christus gestorben und auferstanden sind, daß sie aber doch noch den Schritt durch das Tor des eigenen Sterbens tun müssen. Wird dies nicht gesehen und nicht gelebt, dann wird Evangelium zur Ideologie. Dann würde man sich aus der Spannung der täglichen Kreuzesnachfolge hinausmogeln. Wir möchten, wie Petrus auf dem Tabor, so gerne der Erlösung einen endgültigen Ort bauen, einen Sicherheitsbunker, und würden doch die Welt so nur zum Gefängnis machen. Erlösung hat sakramentale Struktur, d.h. sie ist Zeichen und Weg, der sich im Ankommen der Welt bei Christus ganz vollendet. So gilt für alles Erlöstsein und für alle Verkündigung das Wort aus der Eucharistiefeier:

„Deinen Tod, o Herr, verkünden wir
und Deine Auferstehung preisen wir,
bis Du kommst in Herrlichkeit."